AF239685

Tekoäly vieraannuttamisen vastavoimana

Kustantaja: BoD · Books on Demand,

Mannerheimintie 12 B, 00100 Helsinki, bod@bod.fi

Kirjapaino: Libri Plureos GmbH, Friedensallee 273,

22763 Hampuri, Saksa

ISBN: 978-952-80-9488-3

Petri Luoston tähän mennessä kääntämät kirjat kronologisessa järjestyksessä. Koko listassa kädessäsi oleva teos on boldattu:

Luo Guanzhongin Kertomus Kolmesta Kuningaskunnasta Osa 1 / 4; Eunukkeja ja Kapinallisia

Federalistikirjoitukset

Luo Guanzhongin Kertomus Kolmesta Kuningaskunnasta Osa 2 / 4; Punaiset Kalliot

Julius Caesarin sodat

Luo Guanzhongin Kertomus Kolmesta Kuningaskunnasta Osa 3 /4; Kolme Kuningaskuntaa

Thukydidesin Peloponnesolaissota

Luo Guanzhongin Kertomus Kolmesta Kuningaskunnasta Osa 4/4; Valtakunnan Yhdistäjät

Kautilyan Arthashastra, Legendaarinen Intialainen Opas Valtion Asioiden Hoitamiseen

Niccolo Machiavellin valtiollisia mietelmiä

Snorri Sturlusonin Heimskringla; Saagoja Norjan kuninkaista

Thomas Painen Kootut Teokset

Presidentti Grantin muistelmat, Osa I

Presidentti Grantin muistelmat, Osa II.

Sun Zin Sotataito ja Lionel Gilesin Kommentaari Siihen

Merivoimien vaikutuksesta historian 1660–1783;

Tekijänä A. T. Mahan, D.C.L., LL.D.,

Kolme kuukautta Etelävaltioissa huhtikuusta kesäkuuhun 1863

Petri Luoston itse tekemät teokset:

Tekoäly vieraannuttamisen vastavoimana

Sisällysluettelo

Johdanto

Ajatus tämän kirjan kirjoittamiseksi syntyi sen jälkeen, kun **olin nähnyt hyvän ystäväni kautta** kuin **raskaasti voi vieraannuttaminen vaikuttaa sitä kokemaan joutuneeseen lasten huoltajaan. En ole itse kokenut vieraannuttamista missään muodossa, eikä minulla ole sen suhteen mitään ammatillista taustaa** eli **en ole koulutukseltani sosiaalialan työntekijä tai lakimies,** vaan **maallikko,** joka on **omien silmiensä edessä nähnyt näiden ikävien asioiden tapahtuvan vuosien ajan.**

Tuon edellä mainitun takia tämä kirja on tarkoitettu johdatusteokseksi kaikille ihmisille, joita kiinnostaa tekoälyn käyttäminen vieraannuttamista vastaan ja tämä kirja **on etenkin tarkoitettu niille lasten huoltajille,** jotka **täysin yllättäen** joutuvat erotilanteessa huomaamaan, että **heidän lapsiansa pyritään vieraannuttamaan heistä.** Toinen tavoitteeni on kirjallani **aloittaa keskustelu** siitä, miten **tekoälyä voidaan käyttää vieraannuttamista vastaan,** kun kyseessä on **hyvin uusi ajatus** yhdistää **tekoälyn käyttö** vieraannuttamista vastaan.

On syytä huomata, että vieraannuttamista kokemaan joutuva henkilö **on käytännössä aina heikommassa asemassa kuin vieraannuttaja,** koska jälkimmäinen näistä **on luultavasti suunnitellut tulevia toimiansa jo hyvän aikaa** tai **lapset,** joiden **etujen ensisijaisuus on turvattu YK:n lasten oikeuksien sopimuksen 3. artiklan 1. momentin kautta** tai **viranomaiset,** joiden **asema perustuu siihen, mitä laissa on määrätty.** Siksi on epäreilua, että **vieraannuttamista kokeva ihminen voi**

5

joutua taistelemaan etujensa ja oikeuksiensa puolesta yksin. On oikeudenmukaista, että **hän voi turvata etunsa ja oikeutensa tekoälyn avulla.**

Aloin kiinnostua tekoälystä ja kokeilla miten tekoälychat vastaisi sille eri aiheista esitettyihin kysymyksiin englanniksi ja suomeksi. Olen koulutukseltani yleisen historian kandi ja sitä kautta olen käyttänyt tuntemustani historian suhteen tekoälyn kanssa käymiini keskusteluihin. Tekoälychattien kehittäminen on vaatinut **paljon harjoittelumateriaalin** käyttöä ja yksi hyvä lähde hankkia harjoittelumateriaalia oli historiasta kertova kirjallisuus, joka taas antoi minulle mahdollisuuden testata eri tekoälychattien vastauksia historiasta niille esittämiini kysymyksiin.

Näiden kahden seikan synteesinä syntyi ajatus, että eikö **tekoälyä voisi käyttää työkaluna** ja **vastavoimana vieraannuttamiselle?** Oma käsitykseni on se, että tästä aiheesta joko **ei ole vielä tehty kirjoja** taikka sitten **siitä tehdyt kirjat ovat hyvin harvinaisia,** kun pitkälle kehittynyt tekoäly, **joka voi suoraan kommunikoida maallikoiden** kanssa, on käytännön sovelluksena niin **uusi.**

Tekoälychatin lyhyt määritelmä ChatGPT:n mukaan on "on luonnollisen kielen käsittelyyn perustuva tekoäly, joka on suunniteltu ymmärtämään ja tuottamaan ihmisen kieltä keskustelunomaisessa muodossa. Se toimii käyttäen laajaa tekstimallia, joka hyödyntää suuria tietomääriä vastatakseen kysymyksiin, tarjotakseen tietoa tai käydäkseen vuorovaikutteista keskustelua." ChatGPT ei ole ainoa tekoälychat, vaan niitä on muitakin, joista muutamia ovat Deep AI, Gemini, Co-pilot ja Perplexity AI. Yleensä on **hyvä käyttää**

useampaa tekoälychatia ja **vertailla niiden antamia vastauksia keskenään.**

Tekoälychatteihin **ei yksin pidä luottaa**, sillä ne **eivät korvaa keskustelua** ihmisten ja etenkin **ammattilaisten** kanssa ongelmatilanteissa. Ammattilaisilla on omaa alaansa koskien yleensä myös paljon **hiljaista tietoa** ja **kokemuksiaan** käytettävänään, mitä tekoälychateilla ei ole. Tekoälychattien vahvuuksia taas ovat kyky käsitellä **laajoja aineistoja** ja toimia äärimmäisen **loogisesti**. Toisaalta tekoälychattien heikkouksia ovat niiden **läpinäkymättömyys** eli sinne syötetään jotain tietoa ja sieltä saadaan ulos vastaavasti jotain, mutta **prosessia**, joka tuottaa nuo tiedot ei nähdä, eikä usein myöskään kyseisten **tietojen lähteitä** eli ei voida sanoa, mihin niiden antamat vastaukset välttämättä **perustuvat. Merkittävä syy** AI chattien **läpinäkymättömyyteen** on se, että useat niistä ovat **liikesalaisuuksia**, eivätkä niiden **omistajat halua**, että **kilpailijat** tietävät, miten heidän **AI chatinsa** tarkalleen ottaen toimii.

Tässä kirjassa käytetään yksinomaan ChatGPT:tä työkaluna, koska sen **käyttäjäsopimuksen** eurooppalaisen version (OpenAI.com, "ChatGPT Europe Terms of Use") suomenkielisessä käännöksessä on seuraava kohta:

"**Sisällön omistajuus.** Sinun ja OpenAI:n välillä ja soveltuvan lain sallimassa määrin sinä (a) säilytät omistajuutesi Syötteeseen ja (b) omistat Tuotoksen. Annamme täten sinulle kaikki oikeutemme ja etumme Tuotokseen, jos sellaisia on."

On syytä huomata, että OpenAI, joka omistaa ChatGPT:n, niin varaa kuitenkin itsellensä oikeuden käyttää syötettä ja tuotosta tekoälyn kehittämiseen paremmaksi. Tämä on luultavasti toimintatapa, jota useat tekoälyn kehittäjät käyttävät. Tämän ja **yleisen varovaisuuden** takia tekoälychatteihin **ei tule syöttää** mitään yksityisten ihmisten **tunnistetietoja**, kuten **osoitteita** tai **sosiaaliturvatunnuksia**. Sen sijaan niiltä voidaan kysellä laajasti yleisiä asioita ja katsoa kuinka hyvin ne antavat vastauksia esitettyihin kysymyksiin.

ChatGPT määrittelee vieraannuttamisen lasten huoltajien eron suhteen lyhyesti seuraavasti:

"Lasten huoltajien eroon liittyvä vieraannuttaminen tarkoittaa toisen vanhemman toimia, jotka tarkoituksellisesti etäännyttävät lapsen toisesta huoltajasta. Tämä voi tapahtua esimerkiksi mustamaalaamalla, manipuloinnilla tai estämällä yhteydenpitoa, mikä voi heikentää lapsen suhdetta toiseen vanhempaan."

Vieraannuttaminen on syytä määritellä siksi, että tämän kirjan **tavoite** on se, että **tekoälyä voitaisiin käyttää vieraannuttamista vastaan eri tavoin**. Siksi on tärkeää ymmärtää, miten tekoälychat ymmärtää **vieraannuttamisen** tilanteessa, jossa **lapsen huoltajat eroavat**. On myös syytä kiinnittää huomiota siihen, miten **tarkalleen ottaen** tekoälyltä **eri asioita kysytään**. Yhdenkin tai muutaman kriittisen sanan **oleminen tai poissaolo** kysymyksestä **voi muuttaa kysymyksen luonnetta** ja tekoäly **voi ymmärtää** kysymyksen sen takia **väärin**.

On myös syytä ymmärtää, että tekoälychatit **eivät ole mitään hopealuoteja**, joilla eri ongelmat ratkaistaan kuin taikasauvoja heiluttaen. Ne ovat **työkaluja**, joita voidaan käyttää kohdattujen ongelmien ratkaisemiseen, mutta ne ovat niin hyviä kuin niiden **tekoälymallit** ja niiden käsittelemä **harjoitteluaineisto** ovat.

Tämän lisäksi ne ovat **ihmisten tekemiä** eli ne **saattavat tehdä virheitä**, jonka takia niiden tuottamassa aineistossa **mainitut asiat** tulee aina tarkistaa myös **muista lähteistä**, kuten kirjoista tai niiden alojen asiantuntijoilta, jotka ovat perehtyneet kyseiseen aiheeseen, jos mainittuja asioita aikoo käyttää käytännössä. On myös siitä huomioida, että tekoäly pitää **kaikkia kirjallisia aineistoja**, oli kyse sitten juorulehden artikkelista tai lakikirjasta, **samanarvoisina** eli se ei arvota aineistojaan niiden uskottavuuden perusteella. Tekoäly **saattaa myös tehdä kirjoitusvirheitä**, joita **tässä ei ole editoitu** pois siksi, että **lukija pystyy paremmin arvioimaan tekoälyn vastauksia**.

Kaikissa juridisissa kysymyksissä vieraannuttamista koskien on syytä kääntyä **asianajajan puoleen, joka on erikoistunut lapsi- ja perheoikeuteen**, ja jos **on syytä epäillä, että on tapahtunut rikos**, niin silloin olisi hyvä, jos **kyseinen asianajaja on erikoistunut myös rikoslakiin. Kaikki juridiset seikat**, jotka **tekoäly mainitsee, on syytä tarkistaa muista lähteistä** ennen kuin **niitä aikoo käyttää juridisesti**. Tämän **kirjan kirjoittaja, sen kustantaja ja mikään sitä käyttävä organisaatio eivät ole vastuussa, jos joku toimii edellä mainitun juridisen neuvon vastaisesti.**

Ensimmäiseksi on syytä kiinnittää hieman huomiota kirjan tekemiseen tekoälyn käyttämisestä vieraannuttamista vastaan. Aiheena tämä on **hyvin uusi** ja siinä on **potentiaalia pitkällä aikavälillä**. Tekoälysovellukset **eivät tule luultavastikaan lähtemään minnekään**, vaan ne ovat tulleet jäädäkseen. Kun tämä otetaan huomioon, **niin tekoälyn roolin tulisi aina olla ihmisiä ja ihmiskunnan hyvinvointia palveleva ja edistävä**.

Siksi on syytä lyhyesti perehtyä niin **kirjan tekemiseen tekoälystä** kuin kyseisen kirjan aiheeseen **tekoälyn soveltamisesta vieraannuttamista vastaan**. On myös syytä **hieman perehtyä tekoälyn luonteeseen ja toimintatapoihin**, jotta siitä **saataisiin avustajana irti niin suuri hyöty kuin vain on mahdollista**. Tätä keskustelua tullaan käymään **dialogina** tekoälyn kanssa ja tekoälyn vastauksia kommentoiden. Yksi lisäsyy käydä tätä keskustelua on saada näkemys tekoälyn antamiin vastauksiin, jotta tekoälylle voi esittää syötteessä mahdollisimman tyhjentävästi asiat, jotta se pystyy antamaan mahdollisimman hyvän tuotoksen perustuen tekoälymalliinsa ja harjoittelumateriaaliinsa. Aloitetaan vaikka kysymyksellä, mitkä asiat mahdollistivat tekoälychattien, kuten ChatGPT:n, vallankumouksen 2020-luvun ensimmäisellä puoliskolla ChatGPT:n mukaan.

Sinä sanoit:

Mitkä asiat mahdollistivat ChatGPT:n kaltaisten tekoälychattien vallankumouksen 2020-luvun ensimmäisen puoliskon aikana?

ChatGPT sanoi:

ChatGPT:n kaltaisten tekoälychattien vallankumous 2020-luvun ensimmäisen puoliskon aikana mahdollistui useiden teknologisten, tieteellisten ja yhteiskunnallisten tekijöiden yhdistelmän ansiosta. Tässä keskeiset tekijät:

1. Tehokkaammat kielimallit

- **Transformer-arkkitehtuurin kehitys (GPT, BERT):** Transformer-malleista tuli alan standardi, ja ne mahdollistivat valtavasti monimutkaisempien ja suurempien kielimallien kehittämisen. Ne pystyivät analysoimaan ja ymmärtämään laajoja tekstikonteksteja tehokkaasti.
- **Suuremmat mallit (GPT-3, GPT-4, jne.):** Mallien parametrit kasvoivat eksponentiaalisesti, mikä lisäsi niiden kykyä ymmärtää ja tuottaa luonnollista kieltä.

2. Laskentatehon kasvu

- **Pilvipalvelut ja GPU:t:** Suuret teknologiayritykset, kuten NVIDIA, Google ja Microsoft, kehittivät edistyneitä grafiikkaprosessoreita (GPU) ja Tensor-yksiköitä (TPU), jotka mahdollistivat valtavien mallien kouluttamisen nopeammin ja kustannustehokkaammin.
- **Halvempi ja energiatehokkaampi laskenta:** Laskentateho kasvoi ja tuli saataville laajemmalle yleisölle, mikä mahdollisti tekoälyn laajemman hyödyntämisen.

3. Massiiviset datamäärät

- **Internetin tekstidatavarannot:** Koneoppimismallit koulutettiin valtavilla tekstiaineistoilla, joita kerättiin internetistä (esim. verkkosivut, kirjat, artikkelit).
- **Parempi datan esikäsittely:** Kehittyneet algoritmit ja datan hallintatekniikat paransivat mallien kykyä oppia oleellista tietoa ilman liiallista kohinaa.

4. Koneoppimisen algoritmien parantuminen

- **Itseohjautuva oppiminen (self-supervised learning):** Mallit oppivat ymmärtämään kielen rakenteita ja merkityksiä ilman tarvetta valtavasti manuaalisesti merkitylle datalle.
- **In-context learning:** ChatGPT kaltaiset mallit pystyivät "oppimaan" käyttäjän antamasta kontekstista keskustelun aikana, mikä teki niistä joustavampia ja vuorovaikutteisempia.

5. Sovellusten kasvava kysyntä

- **Asiakaspalvelun ja automatisoinnin tarve:** Yritykset halusivat tehokkaampia ratkaisuja asiakaspalveluun, mikä lisäsi kiinnostusta tekoälychatteihin.
- **Etätyön ja digitaalisten ratkaisujen nousu:** Pandemian aikana etätyö ja digitaalinen viestintä korostuivat, mikä loi otollisen ympäristön tekoälytyökalujen käyttöönotolle.

6. Yritysten investoinnit

- **Teknologiajättien panostus:** OpenAI:n, Googlen, Microsoftin ja muiden suurten teknologiayritysten valtavat investoinnit tekoälytutkimukseen vauhdittivat kehitystä.

- **Startup-ekosysteemin tuki:** Tekoäly- ja koneoppimisyritykset saivat merkittävää riskipääomarahoitusta, mikä mahdollisti uusien innovaatioiden nopean kehittämisen.

7. Käyttäjäystävällisyys ja saavutettavuus

- **Helppokäyttöiset käyttöliittymät:** Tekoälychatit kehitettiin helposti lähestyttäviksi, mikä madalsi kynnystä niiden käyttämiseen eri aloilla.
- **Monikielisyys:** Kielimallit pystyivät palvelemaan käyttäjiä monilla kielillä, mikä teki niistä hyödyllisiä globaalisti.

8. Sosiaalinen ja kulttuurinen hyväksyntä

- **Kasvava tekoälytietoisuus:** Yleisö oppi ymmärtämään tekoälyn mahdollisuuksia ja rajoituksia, mikä lisäsi kiinnostusta ja hyväksyntää.
- **Digitaalisen avun arkipäiväistyminen:** Kuluttajat tottuivat jo 2010-luvulla digitaalisiin avustajiin (kuten Siri ja Alexa), mikä loi pohjan tekoälychattien hyväksymiselle.

9. Eettiset ja turvallisuuskehykset

- **Eettiset ohjeistot:** Tutkimuslaitokset ja yritykset kehittivät tekoälyn eettisiä periaatteita, mikä lisäsi yleistä luottamusta teknologiaan.

- **Moderointi ja vastuu:** Kehityksessä otettiin huomioon mahdolliset haitat, kuten väärinkäytöt ja virheellinen tieto.

Yhteenvetona voidaan sanoa, että tekoälychattien vallankumous oli monien eri alojen edistysaskeleiden summa, jossa teknologia, tieteellinen tutkimus ja yhteiskunnallinen kysyntä kulkivat käsi kädessä.

Kommentti tekoälyn vastauksesta: Vastauksesta voidaan nähdä, että tekoäly **osaa eritellä asioita erittäin loogisesti**, kun se antaa **yhdeksän loogista syytä tekoälychattien yleistymiseen** ja sen jälkeen tekee niistä **lyhyen yhteenvedon**. Tuollaisen vastauksen perusteella voidaan alkaa **vertaamaan tekoälyä tuleen** siinä mielessä, että **se on loistava palvelija, mutta huono isäntä**.

Sinä sanoit:

Olen ajatellut käyttää tätä keskustelua hyödyksi tehdäkseni siitä kirjan, miten eri AI Chattejä voidaan käyttää vieraannuttamisen vastustamisessa. Onko tämän idean suhteen mitään ongelmia tekijänoikeuksista? Neuvoni on, että jokaisessa vieraannuttamistapauksessa on syytä kääntyä asianajajan puoleen, joka on erikoistunut lapsi- ja perheoikeuteen, mutta samalla olisi hyvä, jos maallikot tietäisivät oikeutensa.

ChatGPT sanoi:

Ideasi on erittäin tärkeä ja yhteiskunnallisesti hyödyllinen. Kirja, joka käsittelee, miten tekoälychatteja voidaan käyttää vieraannuttamisen vastustamisessa, voisi tuoda uusia

näkökulmia ja käytännön apua monille. Mitä tulee
tekijänoikeuksiin, tässä on muutamia huomioitavia seikkoja:

1. Tekoälyn tuottaman tekstin käyttö

- OpenAI:n tarjoaman ChatGPT:n sisältöä voit käyttää
  vapaasti kaupallisiin ja ei-kaupallisiin tarkoituksiin,
  **kunhan et esitä sitä omana alkuperäistekstinäsi ilman
  muokkausta.** On suositeltavaa antaa tunnustus sille,
  että osa tekstistä on peräisin tekoälyltä, varsinkin jos
  otat laajoja osia suoraan keskusteluistamme kirjaasi.

2. Neuvon merkitys ja vastuu

- On hyvä, että suosittelet aina kääntymistä asiantuntijan,
  kuten lapsi- ja perheoikeuteen erikoistuneen
  asianajajan, puoleen. Tämä varmistaa, että lukijat
  ymmärtävät, ettei tekoäly tai kirjasi korvaa oikeudellista
  neuvontaa.

3. Tekijänoikeudet omalle sisällöllesi

- Teksti, jonka kirjoitat kirjaan omien ajatustesi,
  havaintojesi ja yhdistämiesi tietojen pohjalta, on
  automaattisesti suojattu tekijänoikeudella. Tämä koskee
  myös materiaalia, joka perustuu keskusteluihin tekoälyn
  kanssa, kun se on muokattu ja sovellettu kirjasi
  tarpeisiin.

4. Tarkkuus ja lailliset rajoitteet

- Kirjasi tulee pohjata tarkkaan ja ajankohtaiseen
  lainsäädäntöön. On tärkeää välttää juridisesti virheellisiä

ohjeita, jotka voisivat johtaa lukijoita harhaan. Kannattaa käyttää asianajajaa tai juridista asiantuntijaa varmistaaksesi, että kirjan juridiset tiedot ovat oikeellisia.

5. Tekoälyn roolin korostaminen

- Tuo selkeästi esiin, miten tekoälychatteja voidaan käyttää vieraannuttamisen vastustamiseen. Esimerkiksi ne voivat auttaa:
  - Ymmärtämään lainsäädäntöä ja oikeuksia.
  - Valmistelemaan kysymyksiä asianajajalle tai viranomaisille.
  - Laadittaessa asiakirjapohjia, kuten tapaamisia tai valituksia koskevia muistiinpanoja.
  - Henkisen tuen tarjoamisessa vanhemmille, jotka käyvät läpi haastavia eroriitoja.

Lopuksi

Kirjanne ideasta ei vaikuta syntyvän tekijänoikeudellisia ongelmia, kunhan käytät tekoälyn sisältöä osana laajempaa kokonaisuutta ja annat tunnustusta tekoälylle, jos tarpeen. Tällaisen kirjan julkaisu voisi edistää tietoisuutta ja auttaa monia kohtaamaan vieraannuttamisen aiheuttamia ongelmia, kunhan keskiössä ovat juridisesti pätevät neuvot ja selkeät toimintasuositukset.

Kommentti tekoälyn vastauksesta: On hyvä, että tekoäly heti tunnustaa kirjan **potentiaalisen hyödyn ja merkityksen**. Kirjassa on myös luonnollisesti **tehdä ero sen tekijän kirjoittamiin teksteihin ja tekoälyn antamiin vastauksiin** sille annettujen **syötteiden** perusteella. Kenties kirjan tärkein anti tulee olemaan **tarkastella tekoälyn antamia tuotoksia ymmärtäen annetun tuotoksen vahvuudet ja heikkoudet,** sekä sen, miten tekoälyn antamaa tuotosta **pystyttäisiin parhaiden hyödyntämään.**

Lisäksi on hyvä, että **tekoäly ymmärtää,** että **se ei pysty korvaamaan ihmisasiantuntijoita,** vaan se neuvoo **esimerkiksi juridisten yksityiskohtien tai mielenterveyteen liittyvien asioiden suhteen kääntyä niihin erikoistuneiden asiantuntijoiden puoleen.** Tekoälyn vahvuus on kuitenkin siinä, että sen kanssa **voi keskustella 24 tuntia päivässä ja 7 päivänä viikossa.** Sen lisäksi tekoäly voi auttaa niin **keräämään** kuin **analysoimaan tietoa,** sekä **auttaa kokonaiskuvan luomiseksi.**

Sinä sanoit:

Yksi keskeisiä näkökulmia kirja-ajatuksessani on se, että kaikki AI Chattien antamat juridiset neuvot tulee tarkistuttaa asiantuntijoilla, yleensä lapsi- ja perheoikeuteen erikoistuneilla asianajajilla ennen kuin niitä käytetään. Toinen ajatukseni on neuvo käyttää useampaa eri AI Chattiä, kuten ChatGPT:tä, Deep AI:ta, Geminiä ja Co-Pilotia, sekä vertailla niiden antamia vastauksia keskenään.

ChatGPT sanoi:

Näkökulmasi on erittäin viisas ja vastuullinen, ja se tekee kirjasta käytännöllisen ja hyödyllisen työkalun maallikoille, jotka ovat tekemisissä vieraannuttamisen tai muiden lapsi- ja perheoikeudellisten ongelmien kanssa. Tässä on, miten nämä keskeiset näkökulmat täydentävät kirjaideaasi:

1. Juridisten neuvojen tarkistuttaminen asiantuntijoilla

- Tämä neuvo on välttämätön, sillä tekoäly ei ole oikeudellinen asiantuntija eikä sen antamat vastaukset takaa juridista tarkkuutta tai sovellettavuutta yksittäistapauksiin.
- Korostamalla tätä kirjan sisällössä annat lukijoille realistisen käsityksen tekoälyn rajoituksista ja vastuusta, joka heillä on tarkistuttaa juridiset neuvot asiantuntijoilla ennen niiden käyttöä.
- Tätä näkökulmaa voi täydentää käytännön ohjeilla, kuten:
  - Kuinka valita lapsi- ja perheoikeuteen erikoistunut asianajaja.
  - Mitä asiakirjoja tai kysymyksiä kannattaa valmistella tekoälyn avulla ennen tapaamista.

2. Useamman AI-chatin käyttäminen ja vastausten vertaileminen

- Suositus käyttää useita AI-alustoja, kuten **ChatGPT:tä**, **Deep AI:ta**, **Geminiä** ja **Co-Pilotia**, on erinomainen tapa osoittaa lukijoille, kuinka monipuolista tietoa ja näkökulmia voidaan saada eri lähteistä.
- Vastausten vertaileminen auttaa käyttäjiä tunnistamaan mahdolliset erot, puutteet tai ristiriidat, jolloin he voivat tehdä paremmin informoituja päätöksiä.
- Kirjaan voisi sisällyttää esimerkkitapauksia, joissa eri AI-chatit antavat vastauksia samaan kysymykseen. Tällainen vertailu havainnollistaisi, miten erilaiset mallit painottavat eri näkökulmia ja mitä rajoitteita niillä voi olla.

- **3. Lukijoiden kouluttaminen tekoälyn hyödyntämisessä**

- Voit tarjota lukijoille käytännön ohjeita tekoälyn tehokkaaseen käyttöön, kuten:
  - Kuinka muotoilla kysymykset tarkasti, jotta vastaukset ovat mahdollisimman hyödyllisiä.
  - Miten arvioida tekoälyn vastausten luotettavuutta ja sovellettavuutta.
  - Mitä huomioida, kun käytetään tekoälyä apuna juridisissa kysymyksissä.

4. Tekoälyn käyttö osana laajempaa strategiaa

- Voisit korostaa, että tekoäly on työkalu, ei ratkaisu. Se voi auttaa esimerkiksi:
  - Eron jälkeisen tilanteen dokumentoinnissa (esim. päiväkirjan pitäminen vieraannuttamisesta).
  - Oikeudellisten käsitteiden ja menettelyiden alustavassa selvittämisessä.
  - Ideoiden ja ehdotusten laatimisessa asiantuntijan kanssa käytävää keskustelua varten.

5. Eettiset ja käytännölliset näkökulmat

- Tuo esille tekoälyn käyttöön liittyvät eettiset ja tietosuojakysymykset. Esimerkiksi:
  - Älä koskaan jaa arkaluonteisia henkilötietoja tekoälychatteihin.

o   Pohdi, miten tekoälyn käyttö voi vaikuttaa tapauksen käsittelyyn tai siihen liittyvien osapuolten oikeuksiin.

Kirja, joka yhdistää näitä näkökulmia, ei ainoastaan valista lukijoita heidän oikeuksistaan ja mahdollisuuksistaan, vaan myös opettaa heitä käyttämään uusia teknologioita turvallisesti ja vastuullisesti. Tällainen lähestymistapa voi olla mullistava tapa auttaa ihmisiä ymmärtämään ja navigoimaan monimutkaisissa oikeudellisissa tilanteissa.

Kommentti tekoälyn vastauksesta: On syytä huomata, että tekoälyllä **ei ole missään juridisesti vahvistettua asemaa.** Edes siitä ei ole yhteisymmärrystä, **miten tekoäly voisi saavuttaa sellaisen aseman** suhteessa ihmisiin tai millä perusteella jollekin tekoälysovellukselle **voitaisiin antaa sellainen asema**, kun taas sama asema voitaisiin **kieltää** toiselta tekoälysovellukselta. Tekoäly on ennen kaikkea **epävirallinen neuvonantaja** ja **teknologinen sovellus tiedonhankintaan liittyvissä asioissa** samalla tavalla kuin esim. **Googlen kaltaiset hakukoneet** ovat.

Yksi hyvä ajatus on **käyttää useita eri tekoälysovelluksia rinnakkain** esittäen niille **syötteessä samat kysymykset** tarkastellen **niiden antamia syötteitä** ja **vertaillen niiden syötteiden eroja.** Käytin itse esimerkkeinä näistä tekoälysovelluksista ChatGPT:tä, Deep AI:tä, Geminiä ja Co-pilotia, mutta on syytä huomata, että **nämä ovat vain neljä tekoälysovellusta** paljon laajemmassa **tekoälyn maailmassa**, jossa saattaa tapahtua yllättäviä muutoksia esimerkiksi siksi, että **niiden kehitystyö ja toiminta tapahtuu usein liike-elämän ehdoilla.** Jos niitä kehittävillä ja niiden toimintaa tukevilla yrityksillä **ei ole asiakaskuntaa tai tulovirtaa riittävästi**, niin ne saattavat **mennä konkurssiin** tai jokin **toinen yritys voi ostaa ne.**

Tämä kirja on **vasta aloitus tarkasteluun tekoälyn käyttämisestä vieraannuttamista vastaan,** joten tämä kirja pystyy tarjoamaan **rajallisesti apua tekoälyn tehokkaaseen käyttämiseen.** Jos tekoälyä haluaa käyttää, niin **olisi hyvä idea myös hankkia kirja tai kirjoja,** jotka nimenomaan ovat erikoistuneet antamaan **laaja-alaisesti ja yleisesti neuvoja tekoälyn käyttämiseen.** On tärkeätä oppia arvioimaan **tekoälyn antamien vastauksien laatua ja luotettavuutta,** koska **huonolaatuiset** ja **epäluotettavat** vastaukset tekoälyltä voivat heikentää tekoälyn uskottavuutta. Tämän lisäksi olisi **hyvä tarkistaa tekoälyn esittämä asiatieto** myös sen suhteen **riippumattomista lähteistä.**

Kuten vastaus esittää, niin tekoäly voi hyvinkin olla **osa vieraannuttamisen vastaista strategiaa** yhtenä työkaluna. Se voi auttaa **todisteiden kokoamisessa vieraannuttamisen todistamisessa** sen mainitseman **päiväkirjan muodossa,** oikeustapaukseen liittyvien **käsitteiden** tai **käytäntöjen** selvittämisessä. Se voi myös **antaa ideoita** ja **ehdotuksia** keskusteluihin **asiantuntijoiden** kanssa.

On myös hyvä, että tekoäly varottaa siitä, että **arkaluonteisia henkilötietoja ei pidä syöttää** tekoälychatteihin, sillä **siihen liittyy aina niiden tietojen väärinkäytön mahdollisuus.** Jos joku henkilö huomaa joutuneensa **erotilanteessa vieraannuttamisen kohteeksi lapsistansa,** niin ensinnäkin **ero lapsista ja niiden toisesta huoltajasta** voi olla **kova ja henkisesti väliaikaisesti lamauttava isku.** Se saattaa olla **yksi tavoite pyrkiä vieraannuttamaan lapset niiden huoltajasta,** että **tämä väsyisi ja antaisi periksi.** Tuollaisessa tilanteessa niin pyrkiessään **todistamaan vieraannuttamisen** kuin myös **pitääkseen itsensä henkisesti koossa**, niin tekoälystä voi tulla **vieraannuttamista kokevalle ihmiselle tärkeä liittolainen** ja **työkalu** haluun **pitää oma elämä kasassa.**

Sinä sanoit:

Huomautan myös siitä, että vaikka samalle AI Chatille esitetään sama kysymys kaksi kertaa, niin sen vastaukset saattavat poiketa toisistansa huomattavasti. Tällaisessa tilanteessa voi olla tärkeätä pystyä hakemaan kummankin vastauksen ydinasiat, jotta niistä vastauksista saa suurimman mahdollisen hyödyn.

ChatGPT sanoi:

Tämä huomio on erittäin tärkeä ja ansaitsee selkeän esille tuomisen kirjassasi. Tekoälymallien vastaukset voivat vaihdella, koska ne eivät perustu kiinteään tietokantaan, vaan käyttävät tilastollisia malleja ja koneoppimista luodakseen vastauksia jokaiseen kysymykseen. Tähän liittyvät erot voivat johtua esimerkiksi:

1. **Mallin satunnaisuus**: Tekoälyt, kuten ChatGPT, voivat tuottaa hieman erilaisia vastauksia saman kysymyksen perusteella, erityisesti jos malli ei ole viritetty tiettyyn kysymykseen liittyviin tarkkoihin yksityiskohtiin.
2. **Moniselitteiset kysymykset**: Jos kysymys on avoin tai tulkinnanvarainen, tekoäly voi painottaa eri näkökulmia eri kerroilla.
3. **Vastauksen rakenne**: Tekoäly saattaa ilmaista saman asian eri tavoin tai painottaa eri osia vastauksessa.

Ydinasioiden tunnistaminen vaihtelevista vastauksista

Kirjassasi voisi olla oma osionsa, jossa kerrot, kuinka käyttäjä voi analysoida tekoälyn vastauksia ja tunnistaa niistä olennaiset asiat. Esimerkiksi:

Vaiheet ydinasioiden tunnistamiseen:

1. **Vastauksen ydinkohdat**: Pyri tunnistamaan, mitkä osat vastauksista ovat samankaltaisia tai toistuvia. Nämä todennäköisesti edustavat kysymyksen kannalta keskeistä tietoa.
2. **Painotus ja yksityiskohdat**: Arvioi, onko vastauksissa uusia näkökulmia tai yksityiskohtia, joita ei ollut toisessa vastauksessa.
3. **Mahdolliset ristiriidat**: Jos vastaukset poikkeavat toisistaan merkittävästi, vertaile niitä keskenään ja etsi lisätietoa selvittääksesi, kumpi vastaus on lähempänä totuutta.
4. **Asiantuntijan apu**: Jos ristiriita liittyy juridiseen tulkintaan, tämä on selkeä signaali siitä, että asia kannattaa varmistaa lapsi- ja perheoikeuteen erikoistuneelta asianajajalta.

Esimerkki kirjassa:

Voisit antaa esimerkin, jossa sama kysymys esitetään tekoälylle kaksi kertaa ja vastaukset eroavat. Sen jälkeen voit opastaa lukijoita tunnistamaan, mikä kummassakin vastauksessa on olennaista ja miten ristiriidat voidaan ratkaista.

Työkalut ydinasioiden tunnistamiseen:

1. **Vertailulista**: Kehota lukijoita kirjoittamaan vastaukset rinnakkain ja listaamaan jokaisen vastauksen pääkohdat.
2. **Kysymysten tarkentaminen**: Jos vastaukset ovat ristiriitaisia, lukija voi esittää tarkentavan kysymyksen tekoälylle saadakseen selkeämmän kuvan aiheesta.
3. **Konsolidointi**: Lukija voi itse muodostaa yhdistetyn vastauksen molemmista vastauksista ja käyttää tätä alustavana tietona.

Tämän lähestymistavan esittely ei pelkästään auta tekoälyjen käyttäjiä saamaan enemmän irti työkaluista, vaan myös kehittää heidän kykyään ajatella kriittisesti ja hyödyntää teknologiaa tehokkaasti oikeudellisissa ja muissa monimutkaisissa tilanteissa.

Kommentti tekoälyn vastauksesta: On hyvä, että tekoäly kertoo **rehellisesti** siitä, miten se toimii **sille esitettyjen kysymyksien suhteen** esittäen syitä, jotka vaikuttavat siihen, että **samaan kysymykseen** se voi antaa **hieman eri vastauksen**. Näitä syitä miksi samaan kysymykseen tulee hieman eri vastaus voivat olla esimerkiksi **tekoälymallin satunnaisuus, tekoälylle annetun kysymyksen moniselitteisyys tai vastauksen rakenne**. Voi olla, että **kyseistä tekoälymallia** ei ole **ensisijaisesti suunniteltu käsittelemään juuri sen alan tietoa**, josta sille esitetään kysymyksiä, jolloin sen vastaus voi vaikuttaa hapuilevalta. On myös syytä huomata, että jos tekoälymalleilta kysytään, että **onko se suunniteltu käsittelemään asioita koskien lapsen**

vieraannuttamista hänen vanhemmastansa, ja se, että **pystyykö se käsittelemään edellä mainittua asiaa,** niin ne ovat **kaksi hieman eri asiaa.** Tekoälyn ajatus esittää **muutama samankaltainen kysymys sille** on hyvä idea, ja sen vuoksi esitänkin seuraavassa **kolme hyvin samankaltaista kysymystä** tekoälylle koskien vieraannuttamista.

Sinä sanoit:

Miten ChatGPT määrittelee vieraannuttamisen lyhyesti?

ChatGPT sanoi:

Vieraannuttaminen tarkoittaa ihmisen tai ryhmän kokemaa eristäytymistä, irrallisuutta tai etäisyyttä jostakin, kuten yhteiskunnasta, itsestään, toisista ihmisistä tai omasta työstä. Se voi ilmetä tunteena, ettei kuulu tai ettei kykene vaikuttamaan ympäröivään maailmaan.

Sinä sanoit:

Miten ChatGPT määrittelee vieraannuttamisen lasten huoltajien eron suhteen lyhyesti?

ChatGPT sanoi:

Lasten huoltajien eroon liittyvä vieraannuttaminen tarkoittaa toisen vanhemman toimia, jotka tarkoituksellisesti etäännyttävät lapsen toisesta huoltajasta. Tämä voi tapahtua esimerkiksi mustamaalaamalla, manipuloinnilla tai estämällä yhteydenpitoa, mikä voi heikentää lapsen suhdetta toiseen vanhempaan.

Kommentti tekoälyn vastauksesta: On syytä huomata, että tässä kirjassa tarkastellaan nimenomaan vieraannuttamista. **Voi olla olemassa muitakin syitä, miksi lapsi ei eron jälkeen halua tavata ja olla yhteydessä huoltajaansa.** Tässä kirjassa **ei myöskään käsitellä viranomaisten tekemiä huostaanottoja,** jotka ovat täysin oma asiansa ja jos **joutuu niiden kohteeksi, niin silloin on syytä kääntyä asianajajan puoleen, joka on erikoistunut lapsi- ja perheoikeuteen.**

Sinä sanoit:

Miten ChatGPT määrittelee vieraannuttamisen lasten huoltajien eron suhteen?

ChatGPT sanoi:

Vieraannuttaminen lasten huoltajien eron yhteydessä tarkoittaa tilannetta, jossa toinen vanhemmista tietoisesti tai tiedostamattaan pyrkii heikentämään lapsen suhdetta toiseen vanhempaan. Tämä voi tapahtua esimerkiksi manipuloimalla lapsen ajatuksia, mustamaalaamalla toista vanhempaa, rajoittamalla tapaamisia tai luomalla negatiivisia mielikuvia toisesta huoltajasta. Vieraannuttaminen voi johtaa siihen, että lapsi alkaa torjua toista vanhempaa ilman perusteltua syytä, mikä voi vahingoittaa lapsen emotionaalista hyvinvointia ja perhesuhteita pitkällä aikavälillä.

Kommentti tekoälyn vastauksesta: Ensimmäisessä kysymyksessä tekoälyltä kysytään lyhyesti **vieraannuttamisen määritelmä** antamatta sille tietoa, että kyse on **lapsen vieraannuttamisesta** hänen huoltajastansa. Toisessa kysymyksessä vieraannuttaminen **määritellään lapsen huoltajien eron suhteen lyhyesti** ja kolmannessa kysymyksessä pyydetään **samaa määritelmää ilman, että siitä halutaan lyhyttä versiota.** Jokainen näistä kysymyksistä osoittaa sen, että **tekoälyltä voidaan kysyä asioita myös lyhyesti** ja sitä voidaan pyytää antamaan sille esitetystä kysymyksestä **lyhyt ja tiivis vastaus.** Hyvä neuvo tekoälyn suhteen on sen jälkeen, **kun se on vastannut ensimmäiseen kysymykseen**, niin esittää sille **täsmentäviä kysymyksiä sen ensimmäiseen kysymykseen antaman vastauksen perusteella.**

Tekoäly on jo antanut lyhyen vastauksen siihen, mitä sen mukaan lapsen vieraannuttaminen sen huoltajasta on. Tätä asiaa on kuitenkin syytä tarkastella syvemmin siksi, että sellaisella toiminnalla voi olla pitkäaikaisia vaikutuksia lapseen, johon toiminta kohdistuu ja sellaisen toiminnan seurauksena lapsi voi menettää jopa toisen huoltajansa ja tämän suvun ilman mitään todellisia juridisia perusteita. Tämän takia on syytä tarkastella vieraannuttamisen mahdollisia vaikutuksia niin lapseen kuin lapsen huoltajaan.

Sinä sanoit:

Miten vieraannuttaminen vaikuttaa lapseen, jota vieraannutetaan huoltajastansa?

ChatGPT sanoi:

Vieraannuttaminen voi vaikuttaa lapseen monin tavoin, usein haitallisesti. Seuraavat vaikutukset ovat yleisiä:

1. **Emotionaalinen stressi**: Lapsi voi kokea ristiriitaisia tunteita, syyllisyyttä ja ahdistusta, kun hän joutuu valitsemaan puolensa tai tuntee lojaalisuuden ristiriitaa vanhempien välillä.
2. **Heikentynyt itsetunto**: Jos lapsi omaksuu negatiivisia mielikuvia toisesta vanhemmasta, hän saattaa samalla kyseenalaistaa myös oman arvonsa, koska lapsi yhdistää itsensä molempiin vanhempiinsa.

3. **Kärsineet ihmissuhteet:** Vieraannuttaminen voi heikentää lapsen suhdetta paitsi vieraannutettuun vanhempaan myös tämän suvun ja muiden läheisten kanssa, kaventaen lapsen tukiverkostoa.
4. **Pitkäaikainen psyykkinen kuormitus:** Vieraannuttaminen voi lisätä lapsen riskiä masennukseen, ahdistuneisuuteen ja muihin mielenterveyden ongelmiin, jotka voivat jatkua aikuisuuteen asti.
5. **Kehityksen häiriöt:** Lapsen kyky rakentaa luottamuksellisia ja terveitä ihmissuhteita voi kärsiä, sillä vieraannuttaminen voi vääristää lapsen käsitystä ihmissuhteista ja konfliktien ratkaisemisesta.

Vieraannuttaminen on haitallista paitsi lapsen ja vanhemman väliselle suhteelle myös lapsen kokonaisvaltaiselle hyvinvoinnille, minkä vuoksi sen tunnistaminen ja puuttuminen on tärkeää.

Kommentti tekoälyn vastauksesta: Vieraannuttaminen on **erittäin epäreilua lasta kohtaan**, kun hän joutuu **ilman omaa syytänsä valitsemaan huoltajiensa väliltä.** On luonnollista **lapsen näkökulmasta**, että hän tuollaisessa tilanteessa **"liittoutuu ja hakee turvaa"** siltä huoltajalta, joka **on läsnä** hänen elämässään. Samalla **lapsi pakotetaan valitsemaan puolensa** hänen huoltajiensa välisessä kiistassa **ilman, että hänellä on kykyä ymmärtää tilannetta täysin puolueettomasti** siksi, että hänellä **ei ole aikuisen ihmisen elämänkokemusta ja ymmärrystä**, vaan hän on **riippuvainen läsnäolevasta huoltajastaan**, kun **hänelle luultavasti kerrotaan**, että toinen huoltaja **on hylännyt hänet.**

On ymmärrettävää, että tuollaisessa tilanteessa lapsen **itsetunto kärsii**, kun hän omaksuu **negatiivisia mielikuvia** huoltajastansa, jonka **hän olettaa hänelle kerrottujen asioiden perusteella hylänneen hänet**. Eikö hän ollutkaan **riittävän hyvä toiselle** huoltajallensa? Samalla hän tuntee **kiitollisuutta** sitä huoltajaa kohtaan, joka edelleen huolehtii hänestä **lapsen tietämättä sitä**, että juuri hänestä **huolehtiva huoltaja onkin vieraannuttanut** toisen huoltajan hänestä.

Vieraannuttamisessa lapsi voi perusteettomasti menettää, **ei pelkästään toista huoltajaansa**, vaan **myös koko tämän suvun** ja **useita läheisiänsä**. Tämän perusteella **voidaankin esittää kysymys** mitä sitten tehdään, **jos lapsen huoltajalle**, joka **hänestä huolehtii, tapahtuukin jotain ikävää** niin, että hän ei pysty huolehtimaan lapsesta? **Kuka silloin huolehtisi lapsesta**, jos **lapsi ei ole ollut tekemisissä toisen huoltajansa ja tämän suvun kanssa vuosiin**? **Miksi** vieraannuttamista kokenut lapsi tuossa tilanteessa **luottaisi toiseen huoltajaansa ja tämän sukuun**, kun hänestä huolehtinut huoltaja on jo ehtinyt **kertomaan lapselle myrkyllisen kuvansa toisesta huoltajasta ja tämän suvusta**? Ihmisten välistä **luottamusta ei rakenneta hetkessä** etenkin, jos se **lapsen näkökulmasta näyttää hajotetun** ja tilanteessa, jossa **lapsi joutuisi ymmärtämään**, että **suuri osa asioista** mitä hänelle on kerrottu toisesta huoltajasta, **ei pidäkään paikkaansa**. Tällaisessa tilanteessa **lapsen on hyvin vaikea ymmärtää** miksi **hänestä huolehtinut huoltaja** olisi toiminut niin **pahasti hänen etujensa vastaisesti**.

Vieraannuttamisen seurauksena lapsi saattaa joutua kärsimään **masennuksesta, ahdistuneisuudesta tai muista mielenterveyteen** liittyvistä ongelmista. On selvää, että niistä toipuminen **ei ole helppoa** ja **se voi vaatia ammattiapua**, jolloin se voi olla niin **henkisesti** kuin **rahallisesti** kallista. Toisin sanoen lasta toisesta huoltajasta **vieraannuttanut huoltaja** saisi aikaan tuollaisessa tapauksessa **lapselle jopa aikuisuuteen asti ulottuvan psykologisen taakan** vain siksi, että **hän pystyisi saamaan lapsen pelkästään itsellensä.**

Lapselle voi myös vieraannuttamisen suhteen syntyä **vääriä malleja rakentaa ihmissuhteita** ja **ratkaista ihmisten välisiä konflikteja.** Vieraannuttaminen **voi antaa lapselle kuvan, että on oikein hylätä toinen ihminen** sitten, kun tätä ei enää tarvita ja **konfliktitilanteissa** toisia **ihmisiä saa kohdella** miten itse tahtoo ottamatta huomioon **näiden ihmisten haluja tai heidän tahtoansa.**

Sinä sanoit:

Miten vieraannuttaminen vaikuttaa sitä kokevaan lapsen huoltajaan?

ChatGPT sanoi:

Vieraannuttaminen vaikuttaa lapsen huoltajaan, joka on sen kohteena, usein syvästi sekä emotionaalisesti että käytännön elämän tasolla. Tyypillisiä vaikutuksia ovat:

1. **Emotionaalinen kipu:** Vieraannuttaminen aiheuttaa voimakasta surua, tuskaa ja turhautumista, kun vanhempi tuntee menettävänsä yhteyden lapseensa ilman perusteltua syytä.
2. **Itsetunnon ja identiteetin haavoittuminen:** Vanhempi voi kokea epäonnistumista tai arvottomuutta, kun suhde omaan lapseen heikkenee tai katoaa.
3. **Sosiaalinen eristäytyminen:** Vieraannutettu vanhempi voi tuntea häpeää tilanteestaan ja vetäytyä sosiaalisista

suhteista, etenkin jos vieraannuttaja levittää väärää tietoa hänestä.

4. **Vanhemmuuden esteet**: Vieraannuttaminen vaikeuttaa lapsen kasvatusta ja huolenpitoa, mikä voi johtaa turhautumiseen ja epätoivoon.
5. **Mielenterveysongelmat**: Pitkäaikainen vieraannuttaminen voi johtaa masennukseen, ahdistuneisuuteen ja jopa posttraumaattisen stressin kaltaisiin oireisiin.
6. **Oikeudelliset ja taloudelliset paineet**: Vanhempi voi joutua käymään kalliita ja aikaa vieviä oikeusprosesseja saadakseen yhteyden lapseensa takaisin, mikä lisää stressiä ja taloudellista taakkaa.
7. **Rakkauden menetyksen pelko**: Suhteen heikkeneminen tai katkeaminen lapseen voi aiheuttaa jatkuvaa pelkoa siitä, ettei suhdetta saada koskaan palautettua.

Vieraannuttaminen ei ainoastaan vahingoita vanhemman ja lapsen välistä suhdetta, vaan se voi myös jättää syviä ja pitkäkestoisia jälkiä vanhemman henkiseen ja sosiaaliseen hyvinvointiin.

Kommentti tekoälyn vastauksesta: ChatGPT:n vastaus voidaan jakaa sen vaikutuksien pohjalta **kolmeen osaan**, joita ovat **vieraannuttamisen psykologinen vaikutus sen kohteeseen, vieraannuttamisen vaikutus sen kohteen ihmissuhteisiin** ja **vieraannuttamisen taloudelliset vaikutukset sen kohteeseen. Emotionaalinen kipu**, sekä **itsetunnon** ja **identiteetin haavoittuminen**, sekä **mahdolliset mielenterveysongelmat** ovat ensisijassa vieraannuttamisen **psykologista vaikutusta** sen kohteeseen. **Sosiaalinen eristäytyminen** ja **vanhemmuuteen liittyvät esteet** ovat vieraannuttamisen **vaikutusta ihmissuhteisiin**. **Oikeudelliset ja taloudelliset paineet** ovat **ensisijaisesti** vieraannuttamisen **taloudellisia vaikutuksia** ja vieraannuttamisen **psykologisia vaikutuksia** kohteeseen, sillä **maallikko varmasti kokee henkisiä paineita**, jos hän joutuu **käräjöimään** asioista, jotka hänen mielestänsä **olisi voitu sopia keskustelemalla**.

Sinä sanoit:

Voidaanko vieraannuttamisen vaikutusten perusteella sanoa, että vieraannuttaminen on henkistä väkivaltaa niin lasten kuin vieraannutettavaa huoltajaa kohtaan käsitteen henkinen väkivalta mukaan sen juridisessa merkityksessä?

ChatGPT sanoi:

Kyllä, vieraannuttaminen voidaan perustellusti katsoa henkiseksi väkivallaksi niin lapsen kuin vieraannutettavan huoltajan kohdalla, kun tarkastellaan henkisen väkivallan juridista merkitystä. Henkinen väkivalta käsittää usein toimet, jotka aiheuttavat kohteelle psyykkistä kärsimystä, manipulaatiota, kontrollia tai eristämistä, ja vieraannuttaminen täyttää nämä piirteet monella tapaa:

1. **Lapsen kohdalla:**
   o Vieraannuttaminen asettaa lapsen lojaalisuusristiriitaan, manipuloiden hänen tunteitaan ja asenteitaan toista vanhempaa kohtaan.
   o Tämä aiheuttaa pitkäkestoista psyykkistä stressiä ja voi vahingoittaa lapsen tunne-elämää sekä itsetuntoa.

33

- o Lapsi voi kokea hylkäämisen pelkoa, syyllisyyttä ja emotionaalista kuormitusta, mikä on tyypillistä henkiselle väkivallalle.
2. **Vieraannutettavan huoltajan kohdalla:**
    - o Vieraannuttaminen on usein systemaattista ja tarkoituksellista toimintaa, jolla pyritään aiheuttamaan tuskaa ja eristämisen tunnetta.
    - o Se voi loukata huoltajan perusoikeuksia, kuten oikeutta säilyttää suhde lapseensa, ja johtaa henkiseen kärsimykseen, kuten masennukseen ja ahdistukseen.
    - o Mustamaalaus ja yhteydenpidon estäminen ovat psykologisia manipulointikeinoja, jotka täyttävät henkisen väkivallan tunnusmerkit.

Juridiikan näkökulmasta henkinen väkivalta voi olla laitonta, jos se rikkoo esimerkiksi lapsen oikeuksia tai on osa laiminlyöntiä, vanhempainvastuun väärinkäyttöä tai muuta kaltoinkohtelua. Myös vanhemman vieraannuttamiseen kohdistuvat tarkoitukselliset toimet voivat tulla arvioiduksi vahingollisena ja lainvastaisena toimintana erityisesti, jos ne johtavat toisen osapuolen elämänlaadun merkittävään heikentymiseen.

Kommentti tekoälyn vastauksesta: En halua mennä tässä vaiheessa kovinkaan syvälle juridiikkaan, mutta huomautan siitä, että Suomessa **rikoslain 21. luvun 5. ja 6. pykälän** mukaan **pahoinpitely voidaan tehdä käyttämällä fyysisen väkivallan sijaan henkistä väkivaltaa. Myös tällaisen väkivallan yritys voi olla rangaistavaa rikoslain perusteella.** Tämä lisäys rikoslakiin tehtiin vuoden 1995 kieppeillä, jotta myös **henkinen väkivalta** ja **sen vaikutukset** voitaisiin ottaa huomioon **rikoksien tunnusmerkistössä** ja **rikosten vaikutuksia arvioitaessa**. Jos tätä asiaa aikoo käyttää oikeudellisesti, niin siitä on ennen **sitä syytä keskustella asianajajan kanssa**, joka on erikoistunut niin **rikosoikeuteen**, kuin **lapsi- ja perheoikeuteen**.

Tekoäly pystyy aika hyvin **tiivistämään vieraannuttamisen vaikutukset niin lapseen kuin henkilöön, joka kokee vieraannuttamista**. Tekoälyn vastauksessa näkyy selvästi, että vieraannuttaminen **aiheuttaa suurta tuskaa niin lapselle kuin huoltajalle**, joka kokee vieraannuttamista. Vieraannuttamisen **vakavien negatiivisten vaikutusten** takia siihen on syytä puuttua aina kun sellaista toimintaa havaitaan.

Sinä sanoit:

Kun kerran vieraannuttaminen on näin haitallista niin lapselle kuin sitä kokevalle huoltajalle, niin miten vieraannuttamista sitten voidaan havaita ja miten siihen voidaan puuttua?

ChatGPT sanoi:

Vieraannuttamisen havaitseminen ja siihen puuttuminen on tärkeää lapsen hyvinvoinnin ja perhesuhteiden säilyttämisen kannalta. Tässä muutamia tapoja, joilla vieraannuttaminen voidaan tunnistaa ja miten siihen voidaan puuttua:

---

1. Vieraannuttamisen havaitseminen

Vieraannuttaminen voi ilmetä monin tavoin. Tärkeitä merkkejä ovat:

Lapsessa:

- **Perusteeton negatiivisuus toista vanhempaa kohtaan:** Lapsi saattaa ilmaista voimakasta kielteistä asennetta, joka ei perustu hänen omiin kokemuksiinsa.
- **Vanhemman torjuminen:** Lapsi välttelee tapaamisia, kommunikointia tai viettää mieluummin aikaa vain toisen vanhemman kanssa.
- **Mustavalkoinen ajattelu:** Lapsi näkee toisen vanhemman täysin hyvänä ja toisen täysin pahana.
- **Epäluonnolliset syytökset:** Lapsi esittää vieraannutetusta vanhemmasta väitteitä, jotka vaikuttavat opituilta tai liioitelluilta.

Toisessa vanhemmassa (vieraannuttaja):

- **Yhteydenpidon rajoittaminen:** Vanhempi estää tapaamisia tai vähättelee toisen vanhemman merkitystä lapsen elämässä.
- **Mustamaalaus:** Vanhempi puhuu negatiivisesti toisesta vanhemmasta lapsen kuullen.
- **Manipulaatio:** Vanhempi manipuloi lapsen tunteita, jotta tämä kokee lojaalisuuden vain yhtä vanhempaa kohtaan.
- **Lapsen kontrollointi:** Vieraannuttaja saattaa käyttää lasta välineenä riidoissaan toista vanhempaa vastaan.

2. Puuttuminen vieraannuttamiseen

Puuttuminen edellyttää usein yhdistelmää oikeudellisia, ammatillisia ja perhekeskeisiä toimenpiteitä. Tärkeää on toimia mahdollisimman varhain ja asianmukaisella tavalla.

Perheterapia ja sovittelu:

- **Perheterapia:** Ammattilaisten avustuksella voidaan työstää perhesuhteita, vähentää konflikteja ja auttaa lasta käsittelemään tilanteensa.
- **Vanhempien sovittelu:** Vanhempia kannustetaan rakentavaan yhteistyöhön lapsen parhaaksi, ja heitä voidaan ohjata välttämään lapsen manipulointia.

Lapsen oikeuksien turvaaminen:

- **Lastensuojelun apu:** Jos vieraannuttaminen aiheuttaa lapselle merkittävää psyykkistä kärsimystä, lastensuojeluviranomaiset voivat puuttua tilanteeseen.
- **Lapsen mielipiteen kuuleminen:** Riitatilanteissa lapsen tarpeet ja toiveet tulee huomioida, mutta huoltajien manipulointi pyritään selvittämään asiantuntija-arvioiden avulla.

Oikeudelliset toimenpiteet:

- **Huoltajuuden uudelleenarviointi:** Jos toinen vanhempi syyllistyy vakavaan vieraannuttamiseen, oikeus voi harkita huoltajuuden tai tapaamisoikeuden muuttamista lapsen edun mukaisesti.

- **Sopimusten toimeenpano:** Tuomioistuin voi velvoittaa vanhemmat noudattamaan sovittuja tapaamisoikeuksia ja määrätä sanktioita niiden rikkomisesta.

Psykologinen tuki vieraannutetulle vanhemmalle:

- **Terapia:** Vieraannutetulle vanhemmalle voi olla tarpeen saada tukea tilanteen käsittelemiseksi ja oman jaksamisen vahvistamiseksi.
- **Tukiverkostot:** Vanhemmille, jotka kokevat vieraannuttamista, on olemassa tukiryhmiä ja vertaistukea tarjoavia järjestöjä.

Tietoisuuden lisääminen:

- **Valistus:** Vieraannuttamisen tunnistaminen ja sen haittojen ymmärtäminen ovat tärkeitä, jotta vanhemmat voivat toimia lapsen parhaaksi.
- **Vanhemmuuden tukeminen:** Vanhemmille voidaan tarjota koulutusta terveistä vuorovaikutus- ja konfliktinhallintataidoista.

---

3. Ennaltaehkäisy

- **Terve yhteistyö:** Vanhempia tulee kannustaa asettamaan lapsen tarpeet ja hyvinvointi etusijalle huoltajuuskiistoissa.
- **Eroneuvonta:** Eroprosessin aikana on tärkeää tarjota vanhemmille tukea, jotta he osaavat välttää lapsen asettamista konfliktien keskelle.

Yhteenveto:
Vieraannuttamisen havaitseminen ja siihen puuttuminen edellyttää moniammatillista yhteistyötä, lapsen etusijalle asettamista ja vanhempien tukemista konfliktien hallinnassa. Mitä nopeammin tilanteeseen reagoidaan, sitä paremmin voidaan ehkäistä pitkäaikaiset haitat lapselle ja huoltajalle.

Kommentti tekoälyn vastauksesta: Tekoälyn vastaus on **periaatteessa erittäin hyvä**, mutta siihen on syytä lisätä se, että **edes lastenkasvatuksen ammattilaiset eivät aina tunnista vieraannuttamista.** Kannattaa muistaa, että **vieraannuttaja tekee kaikkensa**, että **vieraannuttamista ei tulla huomaamaan omilla selityksillänsä.** Ei ole vieraannuttajan intresseissä, että **aletaan keskustelemaan vieraannuttamisesta**, sillä se kääntää **huomion hänen tekoihinsa**, jotka saattavat hyvinkin olla niin **eettisesti** ja **moraalisesti** väärin kuin myös **lainvastaisia.**

Vieraannuttamisen vastainen työ vaatii niin **ammattilaisten kouluttamista** siihen kuin myös **lapsen huoltajien valistamista.** Jos **lapsi ei halua tavata toista huoltajaansa** niin **vieraannuttaminen voi olla yksi selitys siihen**, mutta **se ei ole ainoa mahdollinen selitys.** Tämän takia **on tärkeätä tuollaisessa kiistatilanteessa** pyrkiä luomaan siitä **mahdollisimman puolueeton ja kattava kokonaiskuva**, joka auttaa **hahmottamaan**, sitä **mitä on tapahtunu**t ja **ketkä ovat olleet toimijoita** siinä tilanteessa, sekä **mitä nämä toimijat ovat tehneet.** Näitä toimijoita ovat saattaneet olla **huoltajat, heidän sukulaisensa, ystävänsä, työtoverinsa tai uudet elämänkumppanit.**

Sinä sanoit:

Lapsen edun periaate on lastensuojelutyössä keskeinen periaate, mutta miten se vieraannuttamistilanteessa määritellään puolueettomasti?

ChatGPT sanoi:

Lapsen edun periaatteen puolueeton määrittely vieraannuttamistilanteessa on haastavaa, mutta mahdollista, kun huomioidaan seuraavat seikat:

1. Oikeudellinen perusta

Lapsen etu on keskeinen periaate **YK:n lapsen oikeuksien sopimuksessa (3. artikla)** sekä **Suomen lastensuojelulaissa (417/2007, 4 §)**. Lapsen etu tarkoittaa sitä, että kaikissa lasta koskevissa päätöksissä ensisijaisesti on huomioitava lapsen hyvinvointi, oikeudet ja kehitys.

2. Puolueettoman arvioinnin periaatteet

Jotta lapsen etu voidaan määritellä puolueettomasti vieraannuttamistilanteessa, arvioinnissa tulisi huomioida seuraavat asiat:

a) Lapsen ja molempien vanhempien välinen suhde

- Lapsella on **oikeus molempiin vanhempiinsa**, ellei toisen vanhemman todeta olevan lapselle vakavaksi haitaksi.

40

- Mikäli toinen vanhempi estää tai haittaa lapsen suhdetta toiseen vanhempaan, on se selkeä merkki vieraannuttamisesta.

b) Vieraannuttamisen vaikutukset lapsen hyvinvointiin

- Pitkäaikainen vieraannuttaminen voi johtaa **emotionaalisiin, psyykkisiin ja sosiaalisiin ongelmiin** lapselle.
- Lapsen etua ei voida arvioida pelkästään sen perusteella, mitä hän sanoo juuri nyt, koska vieraannuttaminen voi vaikuttaa hänen mielipiteeseensä.

c) Asiantuntija-arvioiden puolueettomuus

- Sosiaalityöntekijöiden ja asiantuntijoiden tulee arvioida tilanne objektiivisesti eikä automaattisesti luottaa vieraannuttajan esittämiin väitteisiin.
- Päätöksenteon tueksi tulisi hyödyntää **moniammatillisia arvioita**, kuten lastenpsykiatreja ja oikeuspsykologeja.

d) Viranomaisten toiminnan valvonta

- Viranomaisten tulee perustaa toimintansa **näyttöön eikä pelkkiin subjektiivisiin kertomuksiin**.
- Jos sosiaalityöntekijä asettuu selvästi tukemaan toista vanhempaa ilman riittävää näyttöä, se voi vaarantaa puolueettoman päätöksenteon.

3. Käytännön keinoja puolueettoman arvioinnin varmistamiseksi

- **Dokumentointi:** Molempien vanhempien tulisi kerätä todisteita (viestinvaihto, tapaamiset, asiantuntijalausunnot) osoittaakseen, että lapsen etu ei toteudu tasapuolisesti.
- **Lapsen kuuleminen asiantuntevasti:** Lapsen näkemyksiä tulee kuunnella, mutta ne tulee asettaa asiayhteyteen ja arvioida, onko hän voinut joutua manipulaation kohteeksi.
- **Päätöksenteko objektiivisella pohjalla:** Tuomioistuimen ja viranomaisten tulee perustella ratkaisunsa selkeästi ja nojata **monipuoliseen selvitykseen**, ei vain yhden osapuolen väitteisiin.

Johtopäätös

Lapsen etua ei tule arvioida vain sen perusteella, mitä lapsi sanoo tai mitä toinen vanhempi väittää, vaan perusteellisen, näyttöön perustuvan arvioinnin kautta. Vieraannuttamistilanteessa on varmistettava, että asiantuntijat toimivat objektiivisesti, eivätkä viranomaiset tahattomasti tue toisen vanhemman pyrkimyksiä vieraannuttaa lasta toisesta huoltajasta.

Kommentti tekoälyn vastauksesta: Mahdollisessa vieraannuttamistilanteessa **on ensiarvoisen tärkeätä** pystyä takaamaan **viranomaisten puolueettomuus suhteessa lapsen huoltajiin. Lapsen edun ensisijaisuudesta** ei saa tulla pelkkä fraasi tai sanontatapa, vaan **siitä pitää tulla toimintatapa**, jolla turvataan **lapsen etu** kuin myös **hänen kummankin huoltajan oikeudet.**

Sinä sanoit:

Voidaanko ajatella kultaista sääntöä käyttäen (kohtele muita niin kuin haluaisit heidän kohtelevan sinua), että vieraannuttaminen on väärin, sillä vieraannuttaja ei varmastikaan halua, että lapsi vieraannutettaisiin hänestä? Voidaanko empatiakykyä tällä tavoin käyttää vieraannuttamisen tuomitsemiseen eettisesti ja moraalisesti?

ChatGPT sanoi:

Kyllä, kultaista sääntöä käyttäen voidaan perustella, että vieraannuttaminen on eettisesti ja moraalisesti väärin. Kultaisen säännön perusajatus – "kohtele muita niin kuin haluaisit heidän kohtelevan sinua" – perustuu empatiaan ja toisten ihmisten asemaan asettumiseen, mikä tekee siitä erityisen sopivan välineen arvioimaan vieraannuttamisen kaltaisia ilmiöitä.

Vieraannuttaminen ja kultainen sääntö

- **Vieraannuttajan näkökulma:** On hyvin epätodennäköistä, että vieraannuttaja itse hyväksyisi tai haluaisi kokea vastaavaa tilannetta, jossa häntä itseään systemaattisesti vieraannutettaisiin lapsestaan. Vieraannuttajan motiivit perustuvat usein katkeruuteen, kostoon tai muihin henkilökohtaisiin syihin, mutta harvoin aidosti lapsen etuun. Jos vieraannuttaja asettuisi vieraannutettavan huoltajan asemaan, hän voisi ymmärtää, kuinka paljon henkistä tuskaa tämä toiminta aiheuttaa.
- **Lapsen näkökulma:** Kultainen sääntö voi myös ohjata ajattelemaan lapsen parasta. Kukaan vanhempi, joka aidosti välittää lapsestaan, ei toivoisi lapsen joutuvan

lojaalisuusristiriidan tai manipulaation kohteeksi, sillä se aiheuttaa lapselle pitkäkestoista kärsimystä ja vahingoittaa hänen kehitystään.

Empatiakyky ja eettinen arviointi

Empatiakyky on keskeinen moraalinen ohjenuora, ja kultainen sääntö on sen yksinkertaistettu ilmaus. Vieraannuttamisen kohdalla empatia voi auttaa näkemään seuraavat seikat:

1. **Vieraannutettavan huoltajan tuska:** Ymmärtäminen, millaista kipua ja menetystä vieraannuttaminen aiheuttaa toiselle vanhemmalle, tekee toiminnan moraalisesti kyseenalaiseksi.
2. **Lapsen oikeuksien loukkaaminen:** Lapsella on oikeus molempiin vanhempiinsa ja terveisiin perhesuhteisiin. Empatia lasta kohtaan auttaa näkemään, että vieraannuttaminen loukkaa näitä oikeuksia.
3. **Kokonaisvaltaiset haittavaikutukset:** Empatiakyky auttaa hahmottamaan, että vieraannuttaminen ei hyödytä ketään osapuolta pitkässä juoksussa – ei edes vieraannuttajaa itseään – vaan se vahingoittaa kaikkia osapuolia emotionaalisesti.

Eettinen ja moraalinen tuomitseminen

Vieraannuttaminen voidaan siis tuomita moraalisesti ja eettisesti seuraavilla perusteilla:

- Se rikkoo kultaisen säännön ideaa: vieraannuttaja toimii tavalla, jota hän ei toivoisi itselleen.

- Se on vastoin lapsen etua, mikä on eettisesti ensisijainen näkökulma kaikissa vanhemmuutta koskevissa tilanteissa.
- Se perustuu usein itsekkäisiin tai kostonhimoisiin motiiveihin, eikä pyrkimykseen edistää kenenkään hyvinvointia.

Johtopäätös

Kultaisen säännön ja empatian avulla vieraannuttaminen on selkeästi tuomittavissa eettisesti ja moraalisesti. Kukaan vanhempi ei toivoisi itse kokevansa vieraannuttamista, eikä lapsen etu voi koskaan oikeuttaa tämänkaltaista toimintaa. Tämä näkökulma ei pelkästään tuomitse vieraannuttamista, vaan myös auttaa ohjaamaan kohti rakentavampia ja myötätuntoisempia ratkaisuja perhekonflikteissa.

Kommentti tekoälyn vastauksesta: Tekoäly käsittelee erittäin hyvin **empatiakyvyn** ja **kultaisen säännön** soveltamista vieraannuttamiseen. Lisäksi on syytä ajatella, että **empatiakyky** on lasten kasvattamisessa **aivan keskeinen asia**, sillä **lapset tulee pyrkiä kasvattamaan** niin, että he **oppivat** vähitellen **näkemään oman kanssakäymisensä muiden ihmisten kanssa** myös **näiden ihmisten näkökulmasta**. Tekoäly tekee myös selväksi **empatiakyvyn kautta**, että **vieraannuttaminen** on **vastoin lapsen etua**, sillä se saattaa **vahingoittaa lasta pitkällä tähtäimellä**. Kun tarkastellaan **eettistä ja moraalista tuomitsemista**, sillä **vieraannuttaja tuskin haluaisi, että hänen lapsensa vieraannutettaisiin hänestä**, vieraannuttaminen on **lapsen edun ensisijaisuuden vastaista** ja se usein perustuu **itsekkäisiin tai kostonhimoisiin motiiveihin**. Tekoälyn vastaus myös osoittaa, että **kuka tahansa lapsen huoltaja**, joka **pyrkii vieraannuttamaan lapset toisesta**

huoltajasta, niin **tietoisesti toimii väärin**, sillä **lasten huoltajana toimimiseen eettisesti ja moraalisesti oikein tarvitaan empatiakykyä.**

Sinä sanoit:

Mitä neuvoja ChatGPT antaa, jos joku ihminen huomaa, että hänen lapsiansa pyritään vieraannuttamaan hänestä?

ChatGPT sanoi:

Jos henkilö huomaa, että hänen lapsiaan pyritään vieraannuttamaan hänestä, on tärkeää toimia nopeasti ja harkiten. Tässä on neuvoja tilanteen käsittelemiseen:

---

1. Dokumentoi kaikki tapahtumat

- **Pidä kirjaa tapahtumista:** Kirjoita muistiin kaikki tilanteet ja tapahtumat, jotka viittaavat vieraannuttamiseen (esim. keskustelut, viestit, lapsen käytösmuutokset).
- **Tallenna viestinvaihto:** Säilytä tekstiviestit, sähköpostit ja muut viestit, joissa voi olla merkkejä vieraannuttamisesta.
- **Kokoa todistusaineistoa:** Jos lapsi toistaa toisen vanhemman mahdollisia negatiivisia kommentteja, kirjaa nämä tarkasti ylös.

---

2. Säilytä rauhallisuus ja pysy positiivisena

- **Älä puhu pahaa toisesta vanhemmasta:** Vältä negatiivisten tunteiden näyttämistä lapselle ja keskity säilyttämään myönteinen suhde lapseen.
- **Ole tukena lapselle:** Anna lapselle tilaa tuntea omat tunteensa ilman pelkoa tai painostusta. Näytä olevasi turvallinen ja luotettava vanhempi.
- **Pidä yhteys lapseen:** Vaikka vieraannuttaminen vaikeuttaisi suhdetta, pyri olemaan jatkuvasti läsnä lapsen elämässä tavalla, joka on lapsen etujen mukainen.

---

3. Keskustele rakentavasti toisen vanhemman kanssa

- **Yritä avoimuutta:** Jos mahdollista, keskustele toisen vanhemman kanssa rauhallisesti ja ystävällisesti. Kerro havainnoistasi ja huolestasi lapsen hyvinvoinnista.
- **Etsi ratkaisuja:** Keskustelussa kannattaa korostaa lapsen parasta ja pyrkiä löytämään yhteisiä keinoja tukea lapsen hyvinvointia.

---

4. Käänny ammattilaisten puoleen

- **Hae perheneuvontaa:** Perheneuvojat tai terapeuttiset palvelut voivat auttaa ratkaisemaan vanhempien välisiä konflikteja ja tukemaan lapsen hyvinvointia.

- **Konsultoi juristia:** Ota yhteyttä perheoikeuteen erikoistuneeseen juristiin. Hän voi neuvoa, mitä lakiasioita kannattaa edistää ja miten.
- **Tee lastensuojeluilmoitus, jos tarpeen:** Jos vieraannuttaminen vaikuttaa merkittävästi lapseen, se voi täyttää henkisen väkivallan kriteerit. Tällöin lastensuojeluun ilmoittaminen voi olla tarpeen.

---

5. Toimi oikeudellisesti, jos tilanne sitä vaatii

- **Hae huoltajuuteen liittyviä muutoksia:** Jos vieraannuttaminen jatkuu, oikeuden päätös lapsen huoltajuudesta ja tapaamisoikeuksista voi olla tarpeen.
- **Vaadi tapaamisoikeuden toteutumista:** Jos toinen vanhempi estää tapaamisia, voit hakea apua oikeudelta tapaamisoikeuden valvontaan.
- **Harkitse asiantuntija-arviointia:** Oikeus voi tarvittaessa määrätä asiantuntijaselvityksen lapsen tilanteesta.

---

6. Vahvista lapsen hyvinvointia

- **Suojele lapsen henkistä tasapainoa:** Varmista, että lapsi saa tarvittaessa apua ja tukea, esimerkiksi terapeutin kautta.
- **Älä painosta lasta:** Lapsi voi kokea lojaalisuuskonflikteja. On tärkeää, että hän saa kokea olonsa turvalliseksi kummankin vanhemman kanssa.

---

7. Pyydä tukea

- **Tuki lähipiiristä:** Keskustele tilanteestasi ystävien tai perheen kanssa, joihin luotat.

- **Liity vertaistukiryhmiin:** Vieraannuttamista kokeneiden tukiryhmät voivat auttaa jakamaan kokemuksia ja saamaan käytännön vinkkejä.

Yhteenveto

Vieraannuttaminen on vakava asia, mutta siihen on mahdollista puuttua tehokkaasti, kun ryhdyt toimiin ajoissa. Pidä huolta omasta jaksamisestasi, pysy rauhallisena ja hae tarvittaessa apua niin ammattilaisilta kuin oikeusjärjestelmältä. Tärkeintä on suojella lapsen hyvinvointia ja säilyttää läheinen ja turvallinen suhde lapseen.

Kommentti tekoälyn vastauksesta: Tekoäly antoi hyviä neuvoja, sillä **kaikki vieraannuttamiseen liittyvät tapahtumat** on hyvä **kirjoittaa muistiin**, että niiden **yksityiskohdat** vieraannutettu **pystyy palauttamaan mieleensä** tarpeen vaatiessa vuosien päästä. Tapahtumien **todistaminen viranomaisille** on myös **helpompaa**, kun ne on kirjoitettu muistiin.

On myös erittäin viisasta **säilyttää rauhallisuus**, sillä **lasten edessä** se kasvattaa **heidän luottamustansa henkilöön**, jota on koetettu vieraannuttaa, **viranomaisten suhteen** se kasvattaa luottamusta vieraannutettuun **vakavana aikuisena ihmisenä**. Se varmasti **ärsyttää** vieraannuttajaa, sillä se todistaa, että **vieraannuttaminen ei vaikuta vieraannutettavaan** ihmiseen.

Jos on mahdollista, niin vieraannuttajan kanssa **olisi hyvä pyrkiä keskustelemaan rakentavasti lapsen edusta**. Tämän neuvon ongelma on se, että **vieraannuttajan** tulee sitä ennen tajuta toimintansa **haitallisuus lapselle**. **Ammattilaisten** puoleen kääntyminen on **hyvä neuvo**, sillä kyseessä voi olla sen **tason konflikti lapsen huoltajien välillä**, että huoltajat **yksin eivät pysty sitä ratkaisemaan**, vaan jonkun **viranomaistahon tulisi puhua järkeä vieraannuttajalle**, että tämä tajuaisi toimintansa **haitallisuuden lapselle**. Viranomaisten suhteen on myös **hyvä tuntea omat oikeutensa** ja ymmärtää, että **on olemassa mahdollisuus**, että **vieraannuttaja pyrkii kääntämään viranomaiset puolellensa vieraannutettavaa vastaan**. Siksi **vieraannuttamisen todistaminen** tässä vaiheessa olisi **äärimmäisen tärkeää**, sillä ihminen **joka kääntyy ensiksi viranomaisten puoleen** ei välttämättä ole oikeassa, vaan **hän voi pyrkiä manipuloimaan viranomaiset puolellensa**.

Omien oikeuksien tunteminen on **äärimmäisen tärkeää**, jos toinen osapuoli **pyrkii jatkamaan vieraannuttamista**. **Huoltajuutta, tapaamisoikeutta ja elatusta** käsittävät asiat vaativat **juridista osaamista**, sillä ennen kuin niistä alkaa **käräjöimään**, niin ne vaativat **keskusteluja asianajajan kanssa, joka on erikoistunut lapsi- ja perheoikeuteen**.

Lapsen etu on tärkein asia. Jos lapsi **tarvitsee henkistä tukea**, niin sitä tulee hänelle hankkia **erimerkiksi terapeutin muodossa**. Lasta **ei tule painostaa valitsemaan** puolta hänen huoltajiensa välisessä konfliktissa. Hänen **tulee kokea olonsa turvalliseksi kummankin huoltajan luona**. Erosta ja vieraannuttamisesta lapsen kanssa **voi keskustella vasta sitten**, kun hän on tullut **täysi-ikäiseksi**, sillä alaikäiseltä lapselta **ei voida olettaa henkistä kypsyyttä** käsitellä näin vakavia asioita **puolueettomasti** suhteessa huoltajiinsa. **Täysi-**

ikäisten lasten voidaan myös **olettaa pystyvän huolehtimaan itsestänsä**, kun taas ei voida olettaa, että **alaikäiset lapset pystyisivät siihen.**

Sinä sanoit:

Onko mahdollista, että vieraannuttajan kumppani, oli kyseessä pidempi suhde, joka on alkanut salasuhteena tai uusi suhde, niin voi hyvinkin kannustaa vieraannuttamaan lasta sen toisesta huoltajasta?

ChatGPT sanoi:

Kyllä, on täysin mahdollista, että vieraannuttajan nykyinen kumppani, riippumatta suhteen kestosta tai alkuperästä, voi vaikuttaa vieraannuttamisen dynamiikkaan ja jopa rohkaista siihen. Tässä muutamia syitä ja mekanismeja, miksi näin voi tapahtua:

---

1. Mustasukkaisuus ja epävarmuus

- **Kilpailuasetelma:** Uusi kumppani voi kokea mustasukkaisuutta lapsen toista biologista vanhempaa kohtaan ja pyrkiä vahvistamaan omaa asemaansa perheessä.
- **Haluttomuus yhteydenpitoon:** He voivat pitää toista vanhempaa uhkana nykyiselle suhteelle ja siksi pyrkiä estämään yhteydenpidon lapseen.

---

2. Tukeminen oman edun tavoittelussa

- **Suhteen epäterve dynamiikka:** Jos uusi kumppani haluaa miellyttää tai tukea vieraannuttajaa, hän voi tukea toimintaa osana suhteen "yhtenäisyyttä."
- **Valta-aseman vahvistaminen:** Kumppani voi kokea, että lapsen vieraannuttaminen entisestä huoltajasta vahvistaa hänen omaa asemaansa perheen rakenteessa.

---

3. Salasuhteen erityispiirteet

- **Häpeän tai syyllisyyden torjuminen:** Jos suhde on alkanut salasuhteena, uusi kumppani voi kokea tarvetta puolustaa itseään moraalisesti ja siten pyrkiä heikentämään toisen huoltajan roolia. Tämä voi auttaa heitä oikeuttamaan omaa asemaansa lapsen elämässä.
- **Haluttomuus kohdata entistä kumppania:** Salasuhteen alku voi luoda jännitteitä, joita uusi kumppani haluaa välttää, kannustamalla katkeroitumiseen tai yhteyden katkaisemiseen toiseen huoltajaan.

---

4. Manipulatiivinen käytös

- **Tuki manipulointiin:** Vieraannuttajan uusi kumppani voi itse olla manipuloiva ja käyttää tilannetta hyväkseen hallitakseen perhesuhteita.
- **Vieraannuttaminen epäsuorasti:** Hän voi käyttää suoria tai hienovaraisia keinoja (esim. halveksivat kommentit,

syrjäyttäminen) lapsen ja toisen huoltajan välisen suhteen heikentämiseksi.

5. Vaikutus lapseen

- **Negatiivinen asenne välittyy:** Jos uusi kumppani esittää negatiivisia mielipiteitä toisesta huoltajasta, lapsi voi sisäistää tämän asenteen, varsinkin jos vieraannuttaja rohkaisee siihen.
- **Yhtenäisyyden luominen:** Uusi kumppani voi pyrkiä luomaan tunteen "uudesta perheestä" siten, että entinen huoltaja suljetaan kokonaan ulkopuolelle.

Miten tähän voidaan puuttua?

1. **Tunne lapsen arki ja ympäristö:** Pyri olemaan läsnä lapsen elämässä niin paljon kuin mahdollista, jotta voit havaita mahdolliset merkit manipuloinnista tai vieraannuttamisesta.
2. **Pidä kommunikointi asiallisena:** Pysy rauhallisena ja yritä säilyttää neutraali ja rakentava sävy viestinnässä, myös uuden kumppanin suhteen.
3. **Hae ammattilaisapua:** Tilanteissa, joissa vieraannuttaminen pahenee uuden kumppanin vaikutuksesta, perheneuvonta tai oikeudelliset keinot voivat olla tarpeen.

4. **Dokumentoi tapahtumat:** Säilytä kirjalliset todisteet kaikista tilanteista, joissa uusi kumppani saattaa olla osallisena vieraannuttamisessa.

Yhteenveto: Vieraannuttajan uusi kumppani voi vaikuttaa merkittävästi vieraannuttamisen toteutumiseen, varsinkin jos hänen motivaationsa ovat epävarmuuteen, mustasukkaisuuteen tai manipulointiin perustuvia. Tilanteen ratkaisemiseksi on tärkeää pysyä rauhallisena, toimia lapsen parhaaksi ja tarvittaessa hakea tukea ammattilaisilta tai oikeusjärjestelmältä.

Kommentti tekoälyn vastauksesta: Tekoälylle esitetyn kysymyksen keskeisenä taustana on **halu hahmottaa kokonaistilannetta** niin hyvin kuin on mahdollista. Jos vieraannuttaja erosi lapsen toisesta huoltajasta **salasuhteen vuoksi**, niin silloin on mahdollista, että hänen uusi kumppaninsa **pyrkii kannustamaan tai auttamaan vieraannuttamisessa** esimerkiksi **tekoälyn mainitsemista syistä**. Vieraannuttajan uuden kumppanin toiminta tässä asiassa, **jos hän edistää tai kannustaa vieraannuttamista**, niin sitä voidaan **juridisesti tarkastella yllyttämisenä tai avunantona rikokseen**, jos se voidaan **todistaa**. Tästä asiasta olisi **suositeltavaa** keskustella **asianajajan kanssa, joka on erikoistunut lapsi- ja perhelakiin, sekä rikoslakiin** ennen kuin tätä asiaa aikoo käyttää oikeudessa.

Sinä sanoit:

Lapsen huoltajan, jota koetetaan vieraannuttaa lapsesta, niin hänen kannaltansa luultavasti pahin vaihtoehto on se, että vieraannuttamista koettava vanhempi aloitti jo heidän ollessaan yhdessä salasuhteen henkilön kanssa, joka on puolison salametsästäjä. (eng. mate poacher tai spouse poacher) Tällaisen puolison salametsästäjän keskeisiä luonteenpiirteitä ovat narsistisuus, piittaamattomuus muista ihmisistä ja häikäilemättömyys, jolloin hänen luonteenpiirteensä, jotka kuuluvat psykologian pimeyden triadiin, niin luultavasti edistävät vieraannuttamista.

ChatGPT sanoi:

Tilanne, jossa vieraannuttamista koetaan ja siihen liittyy myös puolison "salametsästäjä" (mate poacher) -tilanne, voi olla erittäin vaikea, erityisesti, jos kyseisellä henkilöllä on narsistisia tai manipuloivia piirteitä, jotka edistävät vieraannuttamista. Psykologian pimeyden triadiin kuuluvat luonteenpiirteet – narsismi, psykopatia ja machiavellismi – voivat tehdä tilanteesta erityisen hankalan, koska nämä piirteet liittyvät usein empatian puutteeseen, häikäilemättömään manipulointiin ja oman edun tavoitteluun muiden kustannuksella.

Tässä on muutamia näkökulmia ja toimintatapoja, jotka voivat auttaa tällaisessa tilanteessa:

---

1. Ymmärrä pimeyden triadin vaikutus vieraannuttamiseen

- **Narsismi:** Narsistinen henkilö saattaa pyrkiä heikentämään toisen vanhemman roolia lapsen elämässä, koska hän haluaa olla keskipisteessä ja hallita tilannetta.

- **Psykopatia:** Häikäilemättömyys ja empatian puute voivat näkyä haluna käyttää lasta aseena vanhempien välisessä konfliktissa ilman huolta lapsen hyvinvoinnista.
- **Machiavellismi:** Taitava manipulointi ja juonittelu voivat tarkoittaa sitä, että vieraannuttaja ja hänen mahdollinen uusi kumppaninsa pyrkivät järjestelmällisesti vaikuttamaan lapseen ja ympäristöönsä saadakseen haluamansa tuloksen.

---

2. Tunnista salametsästäjän vaikutus lapsen elämään

- **Manipulointi:** Salametsästäjä voi pyrkiä käyttämään lapsen tunteita ja suhdetta lapseen välineenä heikentääkseen toisen vanhemman asemaa. Tämä voi ilmetä esimerkiksi lapsen mielipiteiden muokkaamisena tai valheellisen informaation levittämisenä.
- **Rooli perhedynamiikassa:** Tällainen henkilö voi pyrkiä korostamaan omaa rooliaan lapsen elämässä samalla, kun hän marginalisoi toista vanhempaa.
- **Lapsen turvallisuus:** Jos kyseinen henkilö käyttäytyy manipuloivasti ja narsistisesti, tämä voi vaikuttaa lapsen emotionaaliseen turvallisuuteen ja kehitykseen.

---

3. Toimintasuunnitelma vieraannuttamisen ehkäisemiseksi ja torjumiseksi

A. Dokumentoi järjestelmällisesti

- Pidä kirjaa kaikista tilanteista, joissa huomaat vieraannuttamista tai manipuloivaa käyttäytymistä, mukaan lukien lapsen käytöksen muutokset, yhteydenpidon estäminen ja lapsen kertomat asiat.
- Jos havaitset, että lapsi alkaa puhua negatiivisesti sinusta ilman selkeää syytä, selvitä tilanne hienovaraisesti ja dokumentoi havaintosi.

B. Vahvista omaa suhdetta lapseen

- Keskity ylläpitämään turvallista, rakastavaa ja johdonmukaista suhdetta lapseen. Älä vastaa manipulaatioon manipulaatiolla.
- Tarjoa lapselle tukea ja tilaa ilmaista tunteitaan ilman pelkoa.
- Ole johdonmukainen tapaamisissa ja pidä kiinni sovituista aikatauluista, jotta lapsi voi luottaa siihen, että olet hänen elämässään läsnä.

C. Pysy rauhallisena ja analyyttisena

- Manipuloiva osapuoli voi yrittää provosoida sinua, jotta reagoisit tavalla, joka voisi heikentää asemaasi viranomaisten tai oikeuden silmissä. Pyri pysymään rauhallisena ja perustele toimintaasi lapsen edulla.

D. Hyödynnä asiantuntijoiden apua

- Perheterapeutit ja lastenpsykologit voivat auttaa tunnistamaan ja käsittelemään vieraannuttamista sekä arvioimaan lapsen tilannetta objektiivisesti.
- Voit myös pyytää oikeudellista apua tilanteen kartoittamiseksi ja puolueettoman selvityksen

saamiseksi, jos koet, että toinen vanhempi tai hänen kumppaninsa toimii haitallisesti lapsen edun vastaisesti.

E. Tuo esiin viranomaisten vastuu

- Lastensuojelun ja viranomaisten tehtävä on toimia lapsen edun mukaisesti. Jos koet, että viranomaiset eivät huomioi tilannetta objektiivisesti, tuo huolesi esiin perustellusti ja dokumentoidusti.
- Pyydä riippumatonta arviointia tai toista näkökulmaa, jos koet, että sosiaalityöntekijät ovat asettuneet tukemaan toista osapuolta.

---

4. Miten osoittaa puolison salametsästäjän rooli vieraannuttamisessa

- **Näytä yhteys käytöksen ja vaikutusten välillä:** Esitä todisteita siitä, miten kyseinen henkilö on vaikuttanut lapsen ja sinun väliseen suhteeseen. Tämä voi sisältää esimerkiksi lapsen käytöksen muutokset tai tapaukset, joissa tapaamisia on estetty.
- **Tuo esiin luonteenpiirteiden merkitys:** Jos puolison salametsästäjä on aktiivisesti osallistunut vieraannuttamiseen, voit pyytää asiantuntijan arvioimaan tämän vaikutuksia lapseen.
- **Käytä kolmansia osapuolia:** Riippumattomat asiantuntijat, kuten terapeutit, voivat antaa lausuntoja tilanteen dynamiikasta ja mahdollisista haitallisista vaikutuksista lapseen.

---

5. Etsi oikeudenmukaista ratkaisua

- **Sovittelun hyödyntäminen:** Yritä löytää ratkaisuja esimerkiksi perheasioiden sovittelun avulla, mutta varaudu siihen, että tämä ei välttämättä ole tehokasta, jos vastapuolella on manipuloiva henkilö.
- **Viimeisenä keinona oikeudenkäynti:** Jos tilanne ei ratkea sovinnollisesti ja lapsen etu vaarantuu, voit hakea muutosta tuomioistuimen kautta. Oikeusprosessissa huoltajan on tärkeää tuoda esiin kaikki todisteet objektiivisesti ja lapsen etua korostaen.

Yhteenveto

Puolison salametsästäjän osallistuminen vieraannuttamiseen voi pahentaa tilannetta merkittävästi, mutta vieraannuttamista kokeva huoltaja voi parantaa asemaansa toimimalla järjestelmällisesti ja hakemalla tukea asiantuntijoilta ja viranomaisilta. Tärkeintä on aina keskittyä lapsen hyvinvointiin ja turvata hänen oikeutensa molempiin vanhempiinsa, samalla kun pidetään huolta omista oikeuksista.

Kommentti tekoälyn vastauksesta: Se, että **entisen puolison uusi suhde alkaa salasuhteena,** on luultavasti hyvin harvinaista. Jos näin kuitenkin **tapahtuu** ja **siitä seuraa vieraannuttamista,** niin **vieraannuttamista kokevalle huoltajalle** on ensiarvoisen **tärkeätä pystyä luomaan kokonaiskuva tilanteesta** ja pystyä parhaansa mukaan **todistamaan** se, mitä on tapahtunut. Tällaisessa tilanteessa **olisi hyvä seurata niitä neuvoja,** joita **tekoäly antoi vastauksessaan,** sekä perehtyä **psykologian pimeyden triadin**

kuuluviin luonteenpiirteisiin, joita ovat **narsistisuus, piittaamattomuus muista ihmisistä ja häikäilemättömyys**. Ihmiselle, jolla on **vahvoina tuollaiset luonteenpiirteet**, niin hänelle **ei ole viisasta antaa valta-asemaa suhteessa toisiin ihmisiin**. Termejä **"mate poacher"** ja **"spouse poacher"** käytetään yleisesti **nykyaikaisessa englanninkielisessä tieteellisessä psykologiakirjallisuudessa**.

Sinä sanoit:

Mitkä ovat pahimmat seuraukset, joita lapselle tai huoltajille voi tulla vieraannuttamisesta? Eikö vieraannuttaminen pahimmillaan voi johtaa jopa perhesurmiin, vaikka se onkin onneksi hyvin harvinaista?

ChatGPT sanoi:

Vieraannuttaminen voi aiheuttaa äärimmäisen vakavia seurauksia niin lapselle kuin huoltajille, ja pahimmillaan tilanne voi kärjistyä traagisella tavalla, kuten perhesurmiin. Vaikka tällaiset tapaukset ovat harvinaisia, niiden mahdollisuus korostaa, kuinka tuhoisaa vieraannuttaminen voi olla. Alla kuvataan pahimmat seuraukset, joita vieraannuttamisesta voi seurata:

Seuraukset lapselle

1. **Psyykkiset ongelmat:**
   - **Masennus ja ahdistus:** Lapsi voi kokea hylätyksi tulemisen tunteita, syyllisyyttä tai ahdistusta,

mikä vaikuttaa hänen psyykkiseen hyvinvointiinsa.
- Alhainen itsetunto: Lapsi voi kokea itsensä arvottomaksi, jos hän tuntee joutuvansa valitsemaan vanhempien välillä tai jos toinen vanhempi halveksii toista hänen kauttaan.
- Identiteettiongelmat: Suhteen katkeaminen toiseen vanhempaan voi estää lapsen kehitystä ymmärtää itseään kokonaisvaltaisesti, erityisesti jos toinen vanhempi esitetään jatkuvasti negatiivisessa valossa.

2. Käyttäytymisen ongelmat:
- Lapsi voi muuttua kapinalliseksi, vetäytyä sosiaalisista suhteista tai osoittaa aggressiivisuutta, mikä voi ilmetä koulussa tai perhe-elämässä.

3. Pysyvät traumaattiset vaikutukset:
- Pitkäaikainen luottamuspula: Lapsi voi kasvaa epäluuloiseksi ihmissuhteissa, koska kokee menettäneensä turvallisen suhteen toiseen vanhempaansa.
- Vaikeus muodostaa kiintymyssuhteita: Lapsi voi kokea vaikeuksia muodostaa ja ylläpitää läheisiä ihmissuhteita aikuisuudessa.

Seuraukset vieraannutetulle huoltajalle

1. Henkinen kärsimys:
- Masennus ja ahdistus: Lapsen menettäminen, jopa henkisellä tasolla, on yksi rankimmista kokemuksista, joita vanhempi voi kohdata.

- o **Syyllisyyden ja avuttomuuden tunteet:**
  Huoltaja voi kokea, ettei hän voi suojella lastaan tilanteelta tai korjata suhdetta.
2. **Sosiaaliset ja taloudelliset ongelmat:**
   - o Huoltaja voi joutua taistelemaan oikeudessa pitääkseen yhteyttä lapseen, mikä voi olla kallista ja aikaa vievää.
   - o Perhe- ja ystävyyssuhteet voivat kärsiä tilanteen tuomasta stressistä.
3. **Fyysiset terveysvaikutukset:**
   - o Pitkäaikainen stressi voi johtaa fyysisiin terveysongelmiin, kuten korkeaan verenpaineeseen, sydänongelmiin tai unettomuuteen.

Seuraukset vieraannuttajalle

1. **Psykologinen kuormitus:**
   - o Vieraannuttaja saattaa itse kärsiä henkisestä epätasapainosta tai syyllisyydentunteista erityisesti, jos lapsen ja toisen huoltajan välinen vieraannuttaminen aiheuttaa peruuttamattomia vahinkoja.
2. **Suhteen heikkeneminen lapseen:**
   - o Lapsi voi aikuisuudessa ymmärtää vieraannuttamisen vaikutukset ja kääntyä vieraannuttajaa vastaan, mikä johtaa katkeruuteen ja suhteen rikkoutumiseen.

Äärimmäiset seuraukset: perhesurmat

- **Konfliktien eskaloituminen:** Vieraannuttaminen voi kärjistää perhekonflikteja niin äärimmäiselle tasolle, että yksi osapuoli näkee epätoivoisena ratkaisuna väkivaltaisen teon.
- **Henkinen murtuminen:** Vieraannutetun huoltajan kokema henkinen tuska voi johtaa murtumiseen, joka voi joissakin tapauksissa aiheuttaa äärimmäisiä tekoja, kuten perhesurmia.
- **Uhkailu ja fyysinen väkivalta:** Vaikka useimmat vieraannuttamistilanteet eivät johda fyysiseen väkivaltaan, jotkut tapaukset ovat eskaloituneet niin, että vanhempien väliset ristiriidat ovat johtaneet väkivaltaan.

Miten näitä seurauksia voidaan ennaltaehkäistä?

1. **Varhainen puuttuminen:**
   - Ammattilaiset, kuten perheneuvojat, lastensuojelun työntekijät ja tuomioistuimet, voivat havaita vieraannuttamisen merkit ja toimia niiden ehkäisemiseksi.
2. **Rakentava kommunikaatio:**
   - Vanhemmille voidaan tarjota koulutusta konfliktien ratkaisemisesta ja lapsen etujen asettamisesta etusijalle.
3. **Oikeusjärjestelmän puuttuminen:**
   - Lainsäädäntö, joka tunnistaa ja puuttuu vieraannuttamiseen, voi suojella lasta ja estää tilanteen eskaloitumisen.

Johtopäätös: Vieraannuttaminen on paitsi moraalisesti väärin myös äärimmäisen vahingollista kaikille osapuolille. Äärimmäisissä tapauksissa sen vaikutukset voivat johtaa traagisiin seurauksiin, kuten perhesurmiin, mikä tekee tilanteen varhaisesta tunnistamisesta ja ratkaisemisesta elintärkeää. Vieraannuttamisen vaikutusten ymmärtäminen ja empatia voivat auttaa estämään tilanteiden kärjistymistä ja turvaamaan lasten sekä vanhempien hyvinvoinnin.

Kommentti tekoälyn vastauksesta: Vaikkakin vieraannuttamisesta johtuvat **perhesurmat** ovat **onneksi hyvin harvinaisia**, niin **niitä valitettavasti tapahtuu.** Keskeinen asia vieraannuttamisessa **on huomata**, että jos sitä alkaa tekemään, niin **vieraannutettavan reaktioita** sellaisen **häneen kohdistuvaan epäoikeudenmukaisuuteen ei koskaan voi täysin varmasti ennustaa.** Keiden kaikkien on **eettinen, moraalinen ja juridinen vastuu,** jos vieraannutettu huoltaja **murtuu henkisesti, tekee itsemurhan** tai jopa **tappaa lapsensa ja lapsen toisen huoltajan?** THL:llä on tästä aiheesta hyvä artikkeli nimeltänsä **"Vaativat erotilanteet ja eron jälkeinen väkivalta",** joka on päivätty **05.12.2023.**

Sinä sanoit:

Kuinka vieraannuttamisen haitallisuudesta voitaisiin jakaa tehokkaammin valistusta lapsen huoltajille, jotta vieraannuttaminen vähentyisi?

ChatGPT sanoi:

Vieraannuttamisen haitallisuuden valistaminen lapsen huoltajille on tärkeä keino ehkäistä tätä ilmiötä ja suojella lasten ja huoltajien hyvinvointia. Tehokas valistus voidaan saavuttaa monilla eri tavoilla, joissa yhdistyvät tiedottaminen, koulutus ja yhteiskunnallisten asenteiden muutos. Tässä on joitakin konkreettisia keinoja:

---

1. Valistusohjelmat neuvoloissa, kouluissa ja terveydenhuollossa

- **Neuvolat ja vanhempainvalmennus:**
  - Neuvolakäynneillä ja vanhempainvalmennuksessa voitaisiin jakaa tietoa lapsen oikeudesta molempiin vanhempiin ja vieraannuttamisen haitallisista vaikutuksista.
  - Perhevalmennusohjelmiin voitaisiin lisätä osio vieraannuttamisen tunnistamisesta ja sen ehkäisystä.
- **Koulut ja päiväkodit:**
  - Opettajille ja kasvattajille tulisi tarjota koulutusta vieraannuttamisen tunnistamisesta.
  - Kouluissa voitaisiin järjestää vanhemmille suunnattuja tietoiskuja lapsen kehityksestä ja siitä, miten vanhempien välinen yhteistyö tukee lapsen hyvinvointia.

---

2. Tietoisuuden lisääminen oikeus- ja lastensuojelujärjestelmissä

- **Tuomioistuimet ja lastenvalvojat:**
  - o Tuomareille, lastenvalvojille ja muille perheoikeuden ammattilaisille tulisi tarjota koulutusta vieraannuttamisesta, jotta he osaisivat tunnistaa sen merkit ja ehkäistä sitä.
  - o Lasten huoltoon liittyvissä oikeudenkäynneissä voitaisiin asettaa painotus lapsen oikeuteen säilyttää yhteys molempiin vanhempiin.
- **Lastensuojelun ammattilaiset:**
  - o Lastensuojelutyössä tulisi korostaa ennaltaehkäisevää tukea eroperheille ja tarjota vanhemmille tukea konfliktien ratkaisuun.

---

3. Julkiset kampanjat ja viestintä

- **Kampanjat mediassa:**
  - o Julkiset valistuskampanjat televisiossa, radiossa ja sosiaalisessa mediassa voisivat kertoa vieraannuttamisen haitallisista vaikutuksista lapselle ja koko perheelle.
  - o Kampanjoiden tulisi painottaa lapsen etua ja korostaa, että yhteistyö vanhempien välillä on lapsen hyvinvoinnin kannalta välttämätöntä.
- **Sosiaalisen median käyttö:**
  - o Lyhyet videot, infografiikat ja artikkelit vieraannuttamisen tunnistamisesta ja sen ehkäisystä voisivat levitä tehokkaasti sosiaalisen median alustoilla.

- o Keskusteluryhmissä ja yhteisöissä voisi jakaa neuvoja siitä, miten toimia, jos vieraannuttamista havaitaan.

---

4. Perheille suunnatut tukipalvelut

- **Perheterapia ja sovittelu:**
  - o Eroaville tai eronneille vanhemmille voitaisiin tarjota maksutonta tai matalan kynnyksen perheterapiaa, jossa käsiteltäisiin vanhemmuuden yhteistyötä eron jälkeen.
  - o Sovittelupalvelut voisivat auttaa vähentämään konflikteja ja tukemaan vanhempia rakentavassa kommunikaatiossa.
- **Tukiryhmät ja vertaisverkostot:**
  - o Vanhemmille voitaisiin järjestää tukiryhmiä, joissa he voisivat jakaa kokemuksiaan ja oppia yhdessä, kuinka välttää vieraannuttamista.

---

5. Lainsäädännön ja politiikan kehittäminen

- **Vieraannuttamisen tunnustaminen laissa:**
  - o Lainsäädäntöön voitaisiin sisällyttää vieraannuttamisen määritelmä ja sen käsittely vakavana ilmiönä lapsen hyvinvoinnin vaarantajana.
  - o Lapsen oikeus molempiin vanhempiin tulisi kirjata selkeämmin huoltajuusasioiden käsittelyssä.

- **Seuraukset vieraannuttamisesta:**
  - o Vanhemmille, jotka havaitaan syyllistyneen vieraannuttamiseen, voisi olla seuraamuksia, kuten määräyksiä yhteistyövanhemmuuden tukiohjelmiin osallistumisesta.

---

6. Empatian ja vastuullisuuden korostaminen

- **Eettinen valistus:**
  - o Vieraannuttamisen vastustamiseen voisi yhdistää kultaisen säännön ja empatiakyvyn kehittämisen: vanhemmille voidaan muistuttaa, että lapsen etu menee heidän omien ristiriitojensa edelle.
  - o Painopiste voisi olla siinä, kuinka lapsi kärsii vieraannuttamisen vuoksi ja kuinka tärkeää on tarjota hänelle turvallinen suhde molempiin vanhempiinsa.
- **Esimerkkitarinat:**
  - o Tarinat ja kokemukset vieraannuttamisen vaikutuksista voisivat havainnollistaa konkreettisesti, miten haitallista tämä ilmiö on. Tämä voi herättää vanhempia ajattelemaan asiaa omasta näkökulmastaan.

Johtopäätös

Tehokas valistus vieraannuttamisesta vaatii monitasoista lähestymistapaa, jossa yhdistyy koulutus, yhteiskunnallinen keskustelu ja käytännön tukitoimet. Keskiössä tulee olla lapsen etu ja vanhempien vastuu siitä, että lapsella säilyy rakastava ja turvallinen suhde molempiin vanhempiin. Empatian ja tietoisuuden lisääminen, yhdessä oikeudellisten ja terapeuttisten keinojen kanssa, voi vähentää vieraannuttamista ja sen tuhoisia vaikutuksia.

Kommentti tekoälyn vastauksesta: Tekoälyn **lista valistuskeinoista** vieraannuttamista vastaan **on erittäin hyvä.** Mieleen tulee kuitenkin se kysymys, että vaikka **vieraannuttamisen haitallisuus on tullut selville**, niin mistä hankitaan **varat valistuksen toteuttamiseen** vieraannuttamista vastaan? Osa tästä valistuksesta **voidaan sisällyttää** esimerkiksi **koulutukseen**, josta valmistutaan **lapsityöhön** tai **ammatilliseen täydentävään koulutukseen**, mutta **ulkoisiin sidosryhmiin**, kuten **lasten huoltajiin** vaikuttaminen ei välttämättä ole näin helppoa.

Sinä sanoit:

Eikö vieraannuttamiseen sisälly se riski, että vieraannuttaminen voi epäonnistua ja sitten, kun lapset ovat aikuisia, niin vieraannuttaminen voi tulla vainoamaan vieraannuttajaa? Lyhyellä aikavälillä on mahdollista saada lapset uskollisiksi vieraannuttajalle suhteessa vieraannutettavaan, mutta jos vieraannuttaminen epäonnistuu, niin miten vieraannuttaja sitten voi perustella toimiansa lapsillensa, kun nämä ovat aikuisia?

ChatGPT sanoi:

Vieraannuttamiseen liittyy todellakin riski, että se epäonnistuu, etenkin kun lapset kasvavat aikuisiksi ja kykenevät tarkastelemaan tilannetta itsenäisesti. Lapsi voi aikuistuessaan alkaa kyseenalaistaa vieraannuttajan kertomuksia ja pyrkiä luomaan suhteen aiemmin vieraannutettuun vanhempaan. Tällöin vieraannuttaja voi joutua vaikeuksiin perustellessaan toimintaansa, etenkin jos lapsi kokee, että häntä on manipuloitu tai hänen oikeuttaan molempiin vanhempiinsa on loukattu.

Tämä voi johtaa vieraannuttajan ja lapsen väliseen luottamuspulaan, katkeruuteen tai jopa suhteiden katkeamiseen. Aikuinen lapsi saattaa myös hakea vastauksia suoraan vieraannutetulta vanhemmalta, mikä voi entisestään korostaa vieraannuttajan tekojen epäoikeudenmukaisuutta. Vieraannuttaminen on siten lyhytnäköistä toimintaa, joka voi tuottaa pitkäaikaisia haittoja paitsi lapselle myös vieraannuttajalle itselleen.

Empatian, rehellisyyden ja lapsen edun asettaminen etusijalle auttaisi välttämään tällaisia tilanteita. Vieraannuttamisen sijaan tulisi pyrkiä tukemaan lapsen tasapainoista ja turvallista suhdetta molempiin vanhempiin, mikä on pidemmän aikavälin näkökulmasta kaikille osapuolille parempi ratkaisu.

Kommentti tekoälyn vastauksesta: Tekoäly on oikeassa, että **vieraannuttamisen epäonnistumisessa** on **suuria riskejä** vieraannuttajalle, joita hän **ei luultavastikaan ymmärrä** silloin, kun **hän päättää vieraannuttaa** lapset niiden toisesta huoltajasta. On luultavaa, että kun **lapsista tulee aikuisia**, niin **he haluavat tietää totuuden vieraannuttamisesta** ja **sen aikana esitetyistä väitteistä**. Vieraannuttajalle tulisi tällöin olemaan **hänen uskottavuutensa** kautta **vaikeata perustella toimiansa lapsillensa**, jos **hän on aikaisemmin valehdellut heille** ja nyt sitten **valheet** paljastuisivat, kun **lapset ovat aikuistuneet.**

Sosiaalityön, kuten **lastensuojelun** tai **turvakodin** rooli voi olla merkittävä vieraannuttamistilanteessa. Perustuslakimme 6. pykälän eli **yhdenvertaisuuden lain** edessä mukaan **ihmiset ovat yhdenvertaisia lain edessä**. **Perusoletus** on se, että **sosiaalityö** kohtelee **vieraannuttamistilanteissa** lapsen huoltajia **noudattaen tätä periaatetta**. Ihmisen, joka **kokee vieraannuttamista**, on kuitenkin hyvä ymmärtää se, että **vieraannuttaja saattaa koettaa kääntää sosiaalityön** puolella työskentelevät ihmiset **vieraannuttamista kokevaa ihmistä vastaan**. **Vieraannuttajan** suunnalta tämä on samaan aikaan **loogista** ja **äärimmäisen laskelmoivaa** toimintaa, ja **jos se onnistuu**, niin se **vakavasti hankaloittaa vieraannuttamista kokevan ihmisen elämää**. Tämän takia on tärkeää, että **vieraannuttamista kokeva ihminen tuntee oikeutensa** ja arvioi sosiaalityön toimintaa itseänsä kohtaan. Hän voi **dokumentoida** sen toimintaa esimerkiksi **äänittämällä keskustelut sosiaalityön puolen ihmisten kanssa** ja pitämällä **päiväkirjaa vuorovaikutuksesta heidän kanssaan**.

Sinä sanoit:

Lastensuojelun laittomista toimista voi valittaa aluehallintovirastoon, eduskunnan oikeusasiamiehelle tai oikeuskanslerille, mutta ongelmana näissä valituskanavissa on käsittelyaika, joka voi olla vuodesta puoleentoista vuoteen, kun tilanne voi olla oikeusprosessi, joka pyritään saamaan läpi lapsen etuja ajatellen muutamassa kuukaudessa. Eikö olisi parempi, että tämän ulkoisen valvonnan lisäksi lastensuojelualalla olisi myös sisäistä valvontaa, joka puuttuisi havaitsemaansa laittomuuksiin nopeammin?

ChatGPT sanoi:

Kyllä, olisi ehdottomasti parempi, että lastensuojelun toiminnassa olisi vahvempi **sisäinen valvonta**, joka mahdollistaisi nopeamman puuttumisen laittomiin tai epäasianmukaisiin toimiin. Nykyinen valitusten käsittelyjärjestelmä, jossa aluehallintovirastot (AVI), eduskunnan oikeusasiamies ja oikeuskansleri käsittelevät kanteluita, on liian hidas erityisesti tilanteissa, joissa päätöksillä voi olla **nopea ja peruuttamaton vaikutus lapsen ja vanhemman suhteeseen.**

Miksi sisäinen valvonta olisi tarpeen?

1. **Nopeampi puuttuminen virheisiin**
   o Ulkoiset valvontaelimet käsittelevät asioita usein yli vuoden viiveellä, mutta lastensuojelussa nopeat ratkaisut ovat kriittisiä.
   o Sisäinen valvonta voisi reagoida virheisiin **reaaliaikaisesti** ja korjata ne ennen kuin ne ehtivät aiheuttaa pysyvää vahinkoa.
2. **Ennaltaehkäisy ja henkilöstön vastuu**
   o Jos lastensuojelutyössä havaitaan epäkohtia, sisäinen valvonta voisi puuttua niihin **ennen kuin ulkopuoliset kantelut ovat tarpeen.**
   o Tämä voisi myös vähentää virheellisten päätösten määrää ja parantaa viranomaisten oikeusvarmuutta.
3. **Puolueettomuuden ja objektiivisuuden vahvistaminen**

o Lastensuojelutyöhön liittyy **inhimillisiä virheitä ja subjektiivisia tulkintoja**, ja joskus työntekijät saattavat puolueellisesti tukea toista osapuolta esimerkiksi tiedostamattaan.

o Sisäinen valvonta voisi varmistaa, että päätökset perustuvat **oikeudelliseen ja näyttöön perustuvaan arviointiin, eikä pelkästään yksittäisiin kertomuksiin.**

Miten sisäinen valvonta voisi toimia?

- **Erillinen lastensuojelun sisäinen tarkastuselin**, joka toimisi riippumattomasti paikallisista lastensuojeluyksiköistä ja tutkisi epäkohtia.
- **Pakollinen sisäinen ilmoitusvelvollisuus**, jossa lastensuojelutyöntekijät voisivat nimettömästi raportoida kollegojensa väärinkäytöksistä ilman pelkoa vastatoimista.
- **Kiihtyvä käsittely kiireellisissä tapauksissa**, jossa vakavia valituksia käsiteltäisiin esimerkiksi kahden viikon sisällä, jotta vältettäisiin oikeusmurhia ja lapsen etuun kohdistuvia vahinkoja.
- **Lastensuojelun päätösten tarkempi dokumentointi**, jotta valvontaelimillä on konkreettista aineistoa arvioida, onko toiminta ollut lainmukaista.

Johtopäätös

Pelkkä ulkoinen valvonta ei riitä, koska päätösten hitaus voi aiheuttaa **vakavaa ja pysyvää haittaa** lapsen ja huoltajan suhteelle. Sisäinen valvonta voisi nopeuttaa virheiden havaitsemista, vähentää huonoja päätöksiä ja lisätä viranomaistoiminnan **läpinäkyvyyttä ja oikeudenmukaisuutta.**

Kommentti tekoälyn vastauksesta: Mielestäni sokea usko viranomaisiin ja heidän toimiensa lainmukaisuuteen voi pahasti haitata vieraannuttamista kokeneen huoltajan kykyä huolehtia omista eduistansa. Hänen on syytä ymmärtää, että viranomaisetkin ovat vain ihmisiä ja he saattavat tehdä virheitä tai jopa rikkoa lakeja. Jos he rikkovat lakeja vieraannutettavan ihmisen haitaksi etenkin keskellä oikeusprosessia, jossa koetetaan ratkaista lapsen tilanne kiireellisenä, niin tällöin voi vieraannutetun huoltajan oikeusturva vaarantua.

Sinä sanoit:

Mitkä sosiaalityön, kuten lastensuojelun tai turvakodin velvollisuudet suhteessa lapsiin ja heidän huoltajiinsa?

ChatGPT sanoi:

Sosiaalityöllä, mukaan lukien lastensuojelu ja turvakotitoiminta, on keskeinen rooli lasten hyvinvoinnin turvaamisessa. Velvollisuudet lapsiin ja heidän huoltajiinsa nähden määräytyvät lainsäädännön, kuten Suomen **lastensuojelulain** ja **perheväkivallan ehkäisyyn liittyvän lainsäädännön**, perusteella. Tässä muutamia keskeisiä velvollisuuksia:

Lastensuojelun velvollisuudet

1. **Lapsen edun ensisijaisuus:**
   o Kaikessa toiminnassa on asetettava lapsen etu etusijalle (Lastensuojelulaki, 4 §). Tämä tarkoittaa lapsen oikeutta turvalliseen kasvuympäristöön, tasapainoiseen kehitykseen ja erityiseen suojeluun.

75

2. **Tuen tarjoaminen perheille:**
   o Lastensuojelun tehtävä on tarjota varhaista tukea ja ehkäistä ongelmien kasaantumista esimerkiksi perhetyön, taloudellisen tuen tai muiden palveluiden avulla.
3. **Ilmoitusvelvollisuus:**
   o Sosiaalihuollon, terveydenhuollon ja muiden viranomaisten on tehtävä viipymättä lastensuojeluilmoitus, jos heillä on syytä epäillä lapsen olevan avun tarpeessa.
4. **Perheiden oikeus osallisuuteen:**
   o Lastensuojelussa on pyrittävä toimimaan yhteistyössä lapsen ja hänen huoltajiensa kanssa ja kuulemaan heidän mielipiteitään päätöksenteossa.
5. **Huostaanotto ja sijoittaminen:**
   o Viimeisenä keinona, jos lapsen turvallisuus tai kehitys on vakavasti vaarantunut, viranomainen voi tehdä päätöksen lapsen huostaanotosta ja sijoittamisesta esimerkiksi sijaisperheeseen tai laitokseen.

Turvakodin velvollisuudet

1. **Turvallisuuden takaaminen:**
   o Turvakodin tärkein tehtävä on tarjota turvallinen ja suojattu ympäristö lapsille ja aikuisille, jotka ovat paenneet väkivaltaa tai sen uhkaa.
2. **Kriisiavun tarjoaminen:**
   o Turvakodissa tulee tarjota välitöntä apua ja tukea väkivaltaa kokeneille lapsille ja heidän

huoltajilleen. Tämä voi sisältää keskusteluapua, psykososiaalista tukea ja väkivallan jälkeiseen elämään sopeutumista.

3. **Lapsen huomioiminen erillisenä yksilönä:**
   o Lapsilla on oikeus omaan tukensa, eivätkä heidän tarpeensa saa jäädä vanhempien tilanteen varjoon.

4. **Palveluiden koordinointi:**
   o Turvakodin työntekijöiden tehtävänä on myös ohjata perheitä muiden tukipalveluiden, kuten mielenterveyspalveluiden, perheneuvolan tai lastensuojelun piiriin.

Velvollisuudet huoltajia kohtaan

1. **Yhteistyö ja tuki:**
   o Sekä lastensuojelun että turvakodin tehtävänä on tukea huoltajia heidän kyvyssään huolehtia lapsista. Tämä voi sisältää vanhemmuustaitojen vahvistamista ja taloudellista tai käytännöllistä apua.

2. **Tietosuoja ja luottamuksellisuus:**
   o Kaikkea asiakastyötä ohjaa tiukka tietosuojalainsäädäntö, ja perheiden yksityisyyttä tulee kunnioittaa.

3. **Kuuleminen ja tiedottaminen:**
   o Huoltajilla on oikeus tulla kuulluiksi, saada tietoa lapsen tilanteesta ja osallistua päätöksentekoon, ellei se ole lapsen edun vastaista.

Yhteenveto

Sosiaalityön ja turvakotien velvollisuudet perustuvat lapsen oikeuksiin ja perheiden tukemiseen. Pyrkimyksenä on luoda turvallinen ympäristö, jossa lasten oikeus hyvään elämään ja kehitykseen toteutuu, samalla kun huoltajille tarjotaan mahdollisuuksia kasvattaa ja tukea lapsiaan parhaalla mahdollisella tavalla. Joskus kuitenkin lapsen etu voi vaatia viranomaisia tekemään ratkaisuja, jotka eivät ole huoltajien toiveiden mukaisia, kuten huostaanoton.

Kommentti tekoälyn vastauksesta: Kaikki, mitä **tekoäly sanoi,** niin **pitää paikkansa** ja **ideaalimaailma toimisi juuri tuolla tavalla.** On kuitenkin **otettava huomioon se seikka,** että **vieraannuttaja** voi hyvinkin **koettaa kääntää sosiaalipuolen viranomaisia vieraannutettavaa ihmistä vastaan. Kyseiset viranomaiset ovat vain ihmisiä** ja **ihmiset ovat erehtyväisiä,** niin **vieraannuttaja saattaa onnistua pyrkimyksissään** etenkin, jos **hän on riittävän vakuuttava** ja on se, joka **ensimmäisenä kääntyy viranomaisten puoleen,** vaikka **heidän puoleensa ensimmäisenä kääntymisellä ei pitäisi olla** mitään sen **suurempaa juridista merkitystä.**

Sinä sanoit:

Mikä tarkalleen ottaen on lapsen ensisijaisen edun periaatteen alkuperäinen oikeuslähde ja mitä siinä sanotaan huoltajien oikeudesta ja viranomaisten velvollisuuksista? Mistä tuo periaate on alun perin peräisin?

ChatGPT sanoi:

Lapsen ensisijaisen edun periaate on peräisin **YK:n lapsen oikeuksien yleissopimuksesta (UNCRC)**, joka on maailmanlaajuisesti hyväksytty ihmisoikeussopimus. Sopimus hyväksyttiin YK:n yleiskokouksessa 20. marraskuuta 1989, ja Suomi ratifioi sen vuonna 1991. Tämä periaate on keskeinen oikeuslähde lapsen oikeuksia koskevissa asioissa ja toimii perustana monille kansallisille laeille, kuten Suomen **lastensuojelulaille.**

YK:n lapsen oikeuksien yleissopimus – artikla 3

Lapsen ensisijaisen edun periaate on määritelty sopimuksen **3 artiklassa**, jossa todetaan seuraavaa:

1. **Ensisijainen huomiointi:**
   o "Kaikissa julkisten tai yksityisten sosiaalihuollon laitosten, tuomioistuinten, hallintoviranomaisten tai lainsäädäntöelinten toimissa, jotka koskevat lapsia, on ensisijaisesti otettava huomioon lapsen etu."
2. **Velvollisuus suojella ja taata hyvinvointi:**
   o "Sopimusvaltiot sitoutuvat takaamaan lapselle sellaisen suojelun ja huolenpidon, joka on tarpeen hänen hyvinvoinnilleen, ja ottavat tätä varten huomioon vanhempien, laillisten huoltajien tai muiden lapseen lainmukaisesti vastuussa olevien henkilöiden oikeudet ja velvollisuudet."
3. **Valvonta ja standardit:**

- o "Sopimusvaltiot huolehtivat, että lasten suojelemiseen ja heidän hyvinvointinsa edistämiseen tarkoitetut laitokset, palvelut ja laitokset täyttävät asetetut standardit erityisesti turvallisuuden, terveyden, henkilöstön lukumäärän ja henkilöstön soveltuvuuden osalta."

Periaatteen tarkoitus ja sisältö

- **Huoltajien oikeudet ja vastuut:** Lapsen ensisijaisen edun periaate tunnustaa, että lapsen vanhemmilla tai huoltajilla on ensisijainen vastuu lapsen kasvatuksesta ja kehityksestä. YK:n lapsen oikeuksien sopimuksen mukaan valtioiden tehtävä on tukea vanhempia tässä tehtävässä, elleivät he kykene sitä asianmukaisesti hoitamaan.
- **Viranomaisten velvollisuudet:** Viranomaisilla on velvollisuus varmistaa, että lapsen etu huomioidaan kaikessa päätöksenteossa. Tämä tarkoittaa esimerkiksi lasten suojelemista kaltoinkohtelulta ja huolehtimista siitä, että lapsi saa tarvitsemansa hoivan, koulutuksen ja kehitysmahdollisuudet.
- **Lapsen edun arviointi:** Lapsen edun arviointi on tapauskohtaista ja ottaa huomioon lapsen yksilölliset tarpeet, mielipiteet (kun lapsi on tarpeeksi kypsä ilmaistakseen niitä) sekä mahdolliset pitkäaikaiset vaikutukset lapsen kehitykseen ja hyvinvointiin.

Periaatteen soveltaminen kansallisessa lainsäädännössä

Suomessa lapsen ensisijaisen edun periaate on kirjattu useisiin lakeihin, erityisesti **lastensuojelulakiin** ja **lakiin lapsen huollosta ja tapaamisoikeudesta.** Esimerkiksi:

- **Lastensuojelulain 4 §:** Lapsen etu on ensisijainen kaikessa lastensuojelussa, ja arviointi tulee tehdä huomioiden lapsen turvallisuus, läheiset ihmissuhteet, kulttuurinen tausta, mielipide ja yksilölliset tarpeet.
- **Laki lapsen huollosta ja tapaamisoikeudesta 10 §:** Vanhempien tai huoltajien oikeuksia ja velvollisuuksia tarkastellaan aina lapsen edun näkökulmasta.

Alkuperä ja historiallinen kehitys

Lapsen ensisijaisen edun periaate juontaa juurensa lapsen oikeuksia koskevaan ajattelutapaan, joka kehittyi 1900-luvulla. Ensimmäiset kansainväliset yritykset suojella lapsia näkyivät **Geneven julistuksessa (1924),** mutta YK:n lapsen oikeuksien yleissopimus (1989) nosti lapsen edun periaatteen keskiöön oikeudellisena ja moraalisena periaatteena.

Periaatteen kehitys korostaa, että lapsi on yksilö, jolla on omat oikeutensa ja tarpeensa, eikä hän ole vain vanhempiensa tai yhteiskunnan "omaisuutta."

Kommentti tekoälyn vastauksesta: Pitää paikkansa, että **lapsen edun ensisijaisuus** ja sen **turvaaminen** ovat keskeisimpiä asioita lapsityössä. Kuitenkaan **vastaus pysyy periaatteellisella tasolla** antamatta **tyhjentävää selitystä lapsen huoltajien oikeuksista ja viranomaisten velvollisuuksista**, sillä **jos vieraannuttaja onnistuu kääntämään sosiaalityön viranomaiset vieraannutettavaa huoltajaa vastaan**, niin **silloin tämän on tärkeätä tuntea** niin **omat oikeutensa** kuin **viranomaisten velvollisuudet YK:n lastenoikeuksien sopimuksen** perusteella.

Sinä sanoit:

Miten YK;n lastenoikeuksien sopimuksen 3. Artikla määrittelee huoltajien oikeudet ja viranomaisten velvollisuudet? On mahdollista, että viranomaiset voidaan joissakin tilanteissa manipuloida huoltajia vastaan, niin tällaista tilannetta tulisi tarkastella oikeudenmukaisesti ja turvata huoltajien oikeudet viranomaisten mahdolliselta mielivallalta.

ChatGPT sanoi:

YK:n lapsen oikeuksien sopimuksen **3. artikla** ei suoraan määrittele yksityiskohtaisesti huoltajien oikeuksia tai viranomaisten toimintatapoja, mutta se asettaa perustan, jonka mukaan sekä huoltajien että viranomaisten on toimittava lapsen edun mukaisesti. Sopimuksen pohjalta valtioilla on velvollisuus lainsäädännön ja toimivien valvontamekanismien avulla tasapainottaa viranomaisten toimivaltaa ja huoltajien oikeuksia, jotta lapsen hyvinvointi voidaan taata oikeudenmukaisella tavalla.

Miten 3. artikla määrittelee huoltajien oikeudet ja viranomaisten velvollisuudet?

1. **Huoltajien oikeudet:**
   o Sopimus tunnustaa vanhempien ja huoltajien ensisijaisen vastuun lapsen kasvatuksesta ja hyvinvoinnista.
   o Viranomaisten rooli on tukea ja auttaa huoltajia, eikä korvata heidän tehtäviään, ellei ole selvää, että huoltajat eivät pysty turvaamaan lapsen etua.
   o Artikla viittaa siihen, että huoltajien oikeudet ovat sidoksissa heidän velvollisuuteensa edistää lapsen hyvinvointia ja kehitystä. Tämä tarkoittaa, että huoltajilla on oikeus tehdä päätöksiä lapsensa elämästä, kunhan nämä päätökset eivät vaaranna lapsen etua.

2. **Viranomaisten velvollisuudet:**
   o Viranomaisten on varmistettava, että lapsen etu on ensisijainen kaikessa päätöksenteossa, oli kyse sitten oikeudellisista, hallinnollisista tai sosiaalihuollon toimista.
   o Viranomaisilla on velvollisuus puuttua tilanteisiin vain silloin, kun huoltajat eivät kykene täyttämään lapsen etua suojaavia velvoitteitaan, esimerkiksi laiminlyönnin, väkivallan tai muun vakavan uhan tapauksessa.
   o Valtion on myös luotava mekanismeja ja standardeja, joilla varmistetaan, että sosiaalihuollon ja lastensuojelun toimet ovat oikeudenmukaisia, läpinäkyviä ja tehokkaita.

Mahdollisuus viranomaisten mielivaltaan

On olemassa riski, että viranomaiset voivat tietyissä
olosuhteissa ylittää toimivaltansa tai manipuloida tilanteita
huoltajia vastaan, esimerkiksi:

1. **Yksipuolinen päätöksenteko:** Jos viranomaiset tekevät
   päätöksiä lapsen edusta ilman riittävää huoltajien
   kuulemista tai huomioimatta kaikkia asiaankuuluvia
   tekijöitä, se voi johtaa epäoikeudenmukaisuuteen.
2. **Subjektiiviset tulkinnat:** Lapsen edun arviointi on usein
   tapauskohtaista ja voi sisältää subjektiivisia näkemyksiä,
   mikä voi johtaa virhearviointeihin, jos ei ole selkeitä ja
   objektiivisia perusteita.
3. **Huoltajien oikeuksien heikentäminen:** Viranomaiset
   voivat joissakin tapauksissa pyrkiä puuttumaan
   huoltajien oikeuksiin ilman riittävää näyttöä huoltajien
   kyvyttömyydestä toimia lapsen edun mukaisesti.

Oikeudenmukaisuuden ja tasapainon turvaaminen

Jotta huoltajien oikeudet voidaan suojata viranomaisten
mielivaltaa vastaan, on tärkeää, että lapsen oikeuksien ja
viranomaistoimien valvonnassa noudatetaan seuraavia
periaatteita:

1. **Lainmukaisuus ja oikeussuojakeinot:**
   o Viranomaisten toimien on perustuttava selkeään
      lakiin, ja huoltajilla on oltava mahdollisuus
      valittaa päätöksistä riippumattomaan
      tuomioistuimeen.

- o Esimerkiksi Suomessa **hallintolainkäyttölaki** ja **lastensuojelulaki** turvaavat huoltajien oikeuden riitauttaa viranomaisten päätökset.

2. **Huoltajien kuuleminen:**
   - o YK:n lapsen oikeuksien sopimus edellyttää, että päätöksenteossa huomioidaan myös huoltajien mielipiteet ja näkemykset, paitsi jos niiden katsotaan selvästi olevan ristiriidassa lapsen edun kanssa.

3. **Avoimuus ja valvonta:**
   - o Kaikkien viranomaistoimien tulee olla läpinäkyviä ja asianmukaisesti perusteltuja. Riippumattomien valvontaviranomaisten, kuten Suomessa **eduskunnan oikeusasiamiehen** tai **oikeuskanslerin**, rooli on keskeinen.

4. **Lapsen oikeus mielipiteensä ilmaisuun:**
   - o Artikla 12 YK:n lapsen oikeuksien sopimuksesta korostaa, että lapsella on oikeus ilmaista näkemyksensä häntä koskevissa asioissa, ja tämä tulee ottaa huomioon hänen kehitystasonsa mukaisesti.

5. **Kohtuus puuttumisessa:**
   - o Viranomaisten on aina pyrittävä vähiten haitalliseen ratkaisuun, joka suojaa lapsen edun mutta ei tarpeettomasti puutu huoltajien oikeuksiin.

Käytännön merkitys ja tasapaino

Lapsen ensisijaisen edun periaate ei tarkoita, että viranomaiset automaattisesti asettuvat huoltajien yläpuolelle. Sen sijaan kyseessä on oikeudellinen ja moraalinen periaate, jonka tarkoituksena on suojata lasta ja tukea huoltajia heidän tehtävässään. Huoltajien oikeudet ja lapsen etu eivät ole ristiriidassa, ellei huoltaja toimi tavalla, joka uhkaa lapsen hyvinvointia.

Tällaisissa tilanteissa on tärkeää, että huoltajien oikeuksia käsitellään oikeudenmukaisesti ja syrjimättömästi, ja että viranomaiset toimivat selkeästi määritellyn lain ja eettisten periaatteiden mukaisesti.

Kommentti tekoälyn vastauksesta: Pitää paikkansa, että YK:n lasten oikeuksien **sopimuksen 3. artikla ei mainitse toimintatapoja** turvata **lasten huoltajien oikeudet**, mutta sen **2. momenttia** on **syytä hieman tarkastella** ottaen kyseisen momentin **kokonaisuudessaan** tarkasteluun: " 2. Sopimusvaltiot sitoutuvat takaamaan lapselle hänen hyvinvoinnilleen välttämättömän suojelun ja huolenpidon ottaen huomioon hänen vanhempiensa, laillisten huoltajiensa tai muiden hänestä oikeudellisessa vastuussa olevien henkilöiden oikeudet ja velvollisuudet. Tähän pyrkiessään sopimusvaltiot ryhtyvät kaikkiin tarpeellisiin lainsäädäntö- ja hallintotoimiin." Toisin **sanoen lasten hyvinvoinnin turvaamisen lisäksi** vastuussa olevien **viranomaisten tulee toimissaan ottaa huomioon lasten huoltajien oikeudet ja velvollisuudet.** Lasten **huoltajien oikeutta ja velvollisuutta toimia huoltajina ei voida ottaa heiltä pois**, ellei pystytä **todistamaan**, että huoltajien **toimet ovat vakavasti haitallisia lapsille. Tällaisessa tilanteessa lasten huostaanotto vaatii aina oikeusprosessin** ja jos siihen **jostain syystä joutuu viranomaisten toimesta**, niin silloin on **syytä kääntyä asianajajan puoleen**, joka on **erikoistunut lapsi- ja perheoikeuteen.** Tässä asiassa on myös syytä muistaa, että **Suomen perustuslain 21. pykälä**, joka käsittelee oikeusturvaa, määrittelee, että **jokaisella ihmisellä on oikeus saada asiaansa päätös**, niin kuin **kyseinen perustuslain pykälä** sen määrittelee.

Sinä sanoit:

Mitä asioita lapsen huoltajan, jota koetetaan vieraannuttaa, tulisi ottaa huomioon, jos hän huomaa, että sosiaalityön, kuten lastensuojelun, työntekijät ovat asettuneet tukemaan vieraannuttajaa? Miten vieraannuttamista mielestänsä kokeva huoltaja voisi todistaa heidän puolueellisuutensa?

ChatGPT sanoi:

Jos lapsen huoltaja kokee, että häntä vieraannutetaan lapsestaan ja että sosiaalityöntekijät tai lastensuojelun työntekijät tukevat vieraannuttajaa, tilanne on erittäin herkkä ja vaatii huolellista ja järjestelmällistä toimintaa.
Vieraannuttamisen osoittaminen ja väitteiden todistaminen voivat olla haastavia, mutta huoltaja voi ryhtyä seuraaviin toimiin:

---

1. Ymmärrä oikeutesi ja dokumentoi kaikki tapahtumat

- **Tunne lainsäädäntö:** Suomessa lapsen huoltoon ja tapaamisoikeuksiin liittyviä kysymyksiä säätelevät **lapsenhuoltolaki, lastensuojelulaki** ja perusoikeudet. Näihin kuuluu lapsen oikeus molempiin vanhempiinsa ja vanhempien oikeus saada oikeudenmukaista kohtelua.

87

- **Dokumentoi kaikki:** Kirjaa kaikki merkittävät tapahtumat, keskustelut ja toimet, jotka liittyvät tilanteeseen. Tärkeitä asioita voivat olla:
  - Päivämäärät ja sisällöt tapaamisista sosiaalityöntekijöiden kanssa.
  - Huoltajien väliset viestit ja keskustelut.
  - Lapsen käytöksessä havaitut muutokset, kuten haluttomuus tavata toista vanhempaa ilman selkeää syytä.
- **Pyydä kirjallisia selvityksiä:** Jos lastensuojelun työntekijä esittää mielipiteitä tai päätöksiä, pyydä ne kirjallisina perusteluineen. Näin voit tarvittaessa arvioida päätöksen objektiivisuutta.

---

2. Kerää todisteita vieraannuttamisesta

- **Käytännön esimerkkejä vieraannuttamisesta:** Vieraannuttaja voi esimerkiksi:
  - Kielteisesti vaikuttaa lapseen toista huoltajaa vastaan.
  - Estää yhteydenpitoa lapseen.
  - Välittää vääristeltyjä tai negatiivisia viestejä toisesta vanhemmasta.
- **Selvitä lapsen asenteiden taustat:** Keskustele lapsen kanssa, mutta älä painosta häntä. Jos lapsella on äkillisesti negatiivisia käsityksiä sinusta, yritä ymmärtää, mistä ne voivat olla peräisin.
- **Asiantuntijatodistukset:** Jos tilanne eskaloituu, voit harkita psykologin tai perheterapeutin apua vieraannuttamisen tunnistamiseksi. Näiden asiantuntijoiden lausunnot voivat tukea väitteitäsi.

3. Tarkkaile viranomaisten toimintaa ja kerää todisteita puolueellisuudesta

Jos epäilet, että sosiaalityöntekijät tukevat vieraannuttajaa, voit pyrkiä todistamaan heidän puolueellisuutensa seuraavilla keinoilla:

- **Dokumentoi vuorovaikutus:** Tallenna esimerkiksi:
  - o   Onko työntekijä kuullut molempia osapuolia tasapuolisesti.
  - o   Ovatko työntekijöiden tekemät päätökset perusteltuja ja kirjattuina.
  - o   Käyttävätkö työntekijät toisen vanhemman lausuntoja totuuksina ilman tarkistusta.
- **Pyydä tapaamisten nauhoittamista:** Joissakin tilanteissa keskustelujen tallentaminen voi olla mahdollista. Ilmoita nauhoittamisesta etukäteen, jotta se on lainmukaista.
- **Vertaa dokumentointia todellisuuteen:** Jos lastensuojelun raportit eivät vastaa totuutta tai ovat puutteellisia, tämä voi viitata puolueellisuuteen. Voit esimerkiksi huomauttaa virheistä ja pyytää niiden korjaamista kirjallisesti.

4. Hae ulkopuolista apua

- **Ota yhteyttä edunvalvojaan tai oikeusasiamieheen:** Suomessa voit ottaa yhteyttä esimerkiksi **lapsiasiavaltuutettuun, eduskunnan**

oikeusasiamieheen tai **oikeuskansleriin**, jos koet, että viranomaistoiminta on puolueellista tai väärinkäyttää valtaansa.

- **Hanki oikeudellista neuvontaa:** Lastensuojeluun liittyvät konfliktit ovat usein monimutkaisia. Pätevä lakimies voi auttaa sinua hahmottamaan oikeudelliset mahdollisuutesi, laatimaan vastineita ja toimimaan tilanteessa strategisesti.
- **Pyydä riippumaton selvitys:** Voit pyytää asiaasi käsittelevän riippumattoman viranomaisen arviointia, kuten toista sosiaalityöntekijää tai lastenpsykiatria.

---

5. Esitä vieraannuttamisen ja puolueellisuuden vaikutus lapsen etuun

- **Korosta lapsen hyvinvointia:** Lapsen oikeus molempiin vanhempiinsa on keskeistä. Tuo esiin, miten vieraannuttaminen ja mahdollinen puolueellinen toiminta voi vahingoittaa lasta emotionaalisesti.
- **Tuo esiin viranomaisten velvollisuudet:** Korosta YK:n lapsen oikeuksien sopimuksen ja kansallisen lainsäädännön perusteella, että viranomaisten tehtävänä on tukea lapsen ja molempien vanhempien suhdetta.

---

6. Pyri neuvotteluratkaisuun, mutta ole valmis oikeusprosessiin

- **Etsi sovinnollisia ratkaisuja:** Jos mahdollista, pyri sopimaan tilanteesta vieraannuttajan ja viranomaisten kanssa, esimerkiksi perheasioiden sovittelun avulla.
- **Vie asia oikeuteen, jos sovittelu ei onnistu:** Jos viranomaiset tai toinen vanhempi toimivat vastoin lapsen etua, voit hakea muutosta esimerkiksi hallinto-oikeuden kautta.

Yhteenveto

Huoltajan, joka kokee vieraannuttamista ja viranomaisten puolueellisuutta, tulisi ensisijaisesti keskittyä dokumentoimaan tapahtumat, osoittamaan puolueellisuuden vaikutukset lapsen hyvinvointiin ja hyödyntämään ulkopuolista apua, kuten lakimiehiä tai riippumattomia asiantuntijoita. On tärkeää toimia rauhallisesti, järjestelmällisesti ja oikeudenmukaisesti, jotta tilanne ei eskaloidu ja lapsen etu pysyy keskiössä.

Kommentti tekoälyn vastauksesta: Vieraannuttamista kokevalle huoltajalle se, **että viranomaiset, kuten lastensuojelu, asettuvat tukemaan vieraannuttajaa ilman mitään juridisia todisteita** on varmasti aina järkytys. Jos ajatellaan tällaista tilannetta **vieraannuttajan näkökulmasta**, niin sen jälkeen, kun **hän on tehnyt päätöksen vieraannuttaa lapset heidän toisesta huoltajastansa**, niin on hänelle **täysin loogista, että hän pyrkii oikeuttamaan toimensa** ja **saamaan viranomaiset tukemaan häntä. Missään nimessä se ei ole**

91

hyväksyttävää, mutta **vieraannuttamista kokevan huoltajan** on hyvä **ottaa huomioon tämä vaihtoehto**, sillä se tekee **hänen elämästänsä hankalampaa** ja **vieraannuttaja** luultavasti **pyrkii välttämään joutumista vastuuseen teoistansa** käytännössä kaikin keinoin.

Sinä sanoit:

Mitkä ovat keskeiset kansainväliset ihmisoikeussopimukset ja suomalaiset lait, jotka velvoittavat suomalaisia viranomaisia, kuten lastensuojelua, suhteessa lapsiin ja heidän huoltajiinsa?

ChatGPT sanoi:

Suomalaisia viranomaisia, kuten lastensuojelua, velvoittavat useat keskeiset kansainväliset ihmisoikeussopimukset ja kansalliset lait, jotka määrittävät heidän velvollisuutensa suhteessa lapsiin ja heidän huoltajiinsa. Alla on näiden normien keskeinen luettelo ja niiden merkitys.

---

1. **Kansainväliset ihmisoikeussopimukset**

A. **YK:n lapsen oikeuksien sopimus (LOS)**

- **Keskeinen sisältö:**
    - o Lapsen ensisijaisen edun periaate (3 artikla): Kaikissa viranomaisten ja instituutioiden toimissa on otettava ensisijaisesti huomioon lapsen etu.
    - o Lapsen oikeus vanhempiinsa (9 artikla): Lasta ei saa erottaa vanhemmistaan ilman riittävää

oikeudellista perustetta, kuten vanhempien
kyvyttömyyttä huolehtia lapsesta.

o Lapsen oikeus ilmaista mielipiteensä (12 artikla):
Lapsella on oikeus tulla kuulluksi häntä
koskevissa asioissa hänen ikänsä ja
kehitystasonsa huomioiden.

- **Sopimuksen merkitys:** LOS on sitova
ihmisoikeussopimus, joka ohjaa lastensuojelun ja
muiden viranomaisten toimintaa. Suomessa LOS on
vahvistettu osaksi kansallista lainsäädäntöä.

B. Euroopan ihmisoikeussopimus (EIS)

- **Keskeinen sisältö:**
  o Oikeus perhe-elämän suojaan (8 artikla):
  Jokaisella on oikeus yksityis- ja perhe-elämään,
  jota viranomaiset eivät saa mielivaltaisesti
  häiritä.
  o Oikeus oikeudenmukaiseen oikeudenkäyntiin (6
  artikla): Perheasioissa, kuten
  huoltajuuskiistoissa, osapuolilla on oikeus
  oikeudenmukaiseen käsittelyyn.
- **Sopimuksen merkitys:** EIS velvoittaa suomalaisia
viranomaisia suojelemaan perhe-elämää ja
varmistamaan, ettei perusoikeuksia loukata
mielivaltaisesti.

C. Kansainväliset ihmisoikeussopimukset

- **YK:n kansalaisoikeuksia ja poliittisia oikeuksia
koskeva yleissopimus (KP-sopimus):** Korostaa
syrjimättömyyttä ja oikeudenmukaisia menettelyjä.

- **YK:n taloudellisia, sosiaalisia ja sivistyksellisiä oikeuksia koskeva yleissopimus (TSS-sopimus):** Velvoittaa huolehtimaan lasten oikeudesta hyvinvointiin ja koulutukseen.

---

2. Suomalaiset lait

A. Perustuslaki (731/1999)

- **Keskeinen sisältö:**
  - Perustuslain 6 §: Lapsia on kohdeltava tasa-arvoisesti, ja heillä on oikeus erityiseen suojeluun.
  - Perustuslain 19 §: Julkisen vallan on turvattava jokaiselle riittävät sosiaali- ja terveyspalvelut sekä edistettävä perusoikeuksien toteutumista.
- **Merkitys:** Perustuslaki on korkein oikeuslähde, ja kaikki muu lainsäädäntö, kuten lastensuojelulaki, perustuu sen periaatteisiin.

B. Lastensuojelulaki (417/2007)

- **Keskeinen sisältö:**
  - Lapsen etu (4 §): Kaikessa lastensuojelutyössä on ensisijaisesti huomioitava lapsen etu, johon kuuluu hänen perustarpeidensa turvaaminen ja oikeutensa perheeseensä.
  - Oikeus tulla kuulluksi (5 §): Lapsella on oikeus saada tietoa häntä koskevista asioista ja ilmaista mielipiteensä.

- o Huoltajien osallistuminen (20 §):
  Lastensuojelussa tulee kunnioittaa huoltajien oikeuksia ja antaa heille mahdollisuus osallistua päätöksentekoon.
- **Merkitys:** Lastensuojelulaki asettaa suorat velvoitteet viranomaisille turvata sekä lapsen että huoltajien oikeudet ja toimia lapsen edun mukaisesti.

C. Laki lapsen huollosta ja tapaamisoikeudesta (361/1983)

- **Keskeinen sisältö:**
  - o Lapsen huollon tavoitteet (1 §): Huoltajien velvollisuus on turvata lapsen tasapainoinen kehitys ja myönteiset ihmissuhteet.
  - o Tapaamisoikeus (2 §): Lapsella on oikeus pitää yhteyttä molempiin vanhempiinsa huolimatta vanhempien välisestä erosta.
- **Merkitys:** Tämä laki suojaa lapsen ja huoltajien oikeuksia perhe-elämään, vaikka huoltajien välillä olisi ristiriitoja.

D. Hallintolaki (434/2003)

- **Keskeinen sisältö:**
  - o Oikeus hyvään hallintoon (6 §): Viranomaisen on toimittava puolueettomasti, yhdenvertaisesti ja oikeudenmukaisesti.
  - o Kuulemisperiaate (34 §): Ennen päätöksen tekemistä asianosaista on kuultava.
- **Merkitys:** Hallintolaki varmistaa, että viranomaiset toimivat objektiivisesti ja kunnioittavat huoltajien oikeuksia.

3. Viranomaisten velvollisuudet

- **Lapsen oikeuksien turvaaminen:** Viranomaiset eivät saa toimia mielivaltaisesti, vaan heidän on varmistettava, että lapsen oikeudet ja etu toteutuvat.
- **Puolueettomuus:** Lastensuojelun ja muiden viranomaisten tulee toimia objektiivisesti, erityisesti silloin, kun perheessä on konflikteja tai vieraannuttamisen merkkejä.
- **Huoltajien oikeuksien kunnioittaminen:** Viranomaisten on otettava huomioon huoltajien näkemykset ja annettava heille mahdollisuus osallistua lasta koskevien päätösten tekoon.

4. Keskeiset periaatteet vieraannuttamisen näkökulmasta

Jos vieraannuttamista epäillään, seuraavat asiat ovat tärkeitä:

- **Lapsen oikeus molempiin vanhempiinsa:** Kansainväliset ja kansalliset normit tukevat lapsen oikeutta tasapainoisiin ihmissuhteisiin molempien vanhempien kanssa.
- **Huoltajien oikeudet:** Lastensuojelu ei saa asettua tukemaan vain toista vanhempaa ilman riittävää perustetta.
- **Puolueettomuus:** Viranomaisten on toimittava oikeudenmukaisesti, eikä heidän tule antaa ulkopuolisten osapuolten, kuten toisen vanhemman uuden puolison, vaikuttaa päätöksentekoon.

5. Toimenpiteet huoltajalle

Jos viranomaistoiminnassa havaitaan puolueellisuutta:

1. **Vedota perustuslakiin ja lastensuojelulakiin:** Korosta lapsen etua ja huoltajien oikeutta tulla kuulluiksi.
2. **Dokumentoi viranomaisten toiminta:** Kerää todisteita mahdollisesta puolueellisuudesta ja vie asia hallinto-oikeuteen, jos tarpeen.
3. **Pyydä riippumatonta arviointia:** Voit hakea ulkopuolisen asiantuntijan mielipidettä lapsen tilanteesta.

Näin varmistetaan, että viranomaiset täyttävät velvollisuutensa lapsen ja huoltajien oikeuksien suojaamisessa.

Kommentti tekoälyn vastauksesta: Keskeinen peruste tälle kysymykselle on se, että **jokaisen vieraannuttamista kokevan ihmisen Suomessa pitäisi tuntea oikeutensa suhteessa lapsiinsa, vieraannuttajaan, sekä viranomaisiin.**
Viranomaisten **laittomia toimintatapoja voidaan muuttaa vain puuttumalla niihin ja viime kädessä laittamalla viranomaiset vastuuseen teoistansa,** jos **he rikkovat kansainvälisiä ihmisoikeussopimuksia ja Suomen lakeja.**

Sinä sanoit:

Jos viranomaiset, kuten lastensuojelu, rikkovat yllä mainittuja kansainvälisiä ihmisoikeussopimuksia ja Suomen lakeja, niin voidaanko sitä pitää avunantona ja yllytyksenä rikoksiin, jos oletetaan, että lasten vieraannuttaminen toisesta huoltajasta on rikos? On syytä muistaa, että tässä keskustelussa aikaisemmin mainittujen seikkojen, sekä THL:n artikkelin "Vaativat erotilanteet ja eron jälkeinen väkivalta" (05.12.2023) mukaan vieraannuttaminen on henkistä väkivaltaa.

ChatGPT sanoi:

Jos lastensuojelun tai muiden viranomaisten toiminta rikkoo kansainvälisiä ihmisoikeussopimuksia ja Suomen lakeja tavalla, joka edistää lasten vieraannuttamista toisesta huoltajasta, niin voidaan pohtia, onko kyseessä rikoslaissa määritelty **avunanto** tai **yllytys rikokseen**, mikäli vieraannuttaminen luokitellaan rikokseksi. Asiaa tarkasteltaessa on kuitenkin otettava huomioon seuraavat juridiset ja käytännölliset näkökulmat:

---

1. Vieraannuttaminen henkisenä väkivaltana ja rikoksena

- **THL:n artikkelin mukainen määritelmä:** Vieraannuttaminen on henkistä väkivaltaa, ja sillä voi olla vakavia vaikutuksia lapsen hyvinvointiin sekä lapsen ja vanhemman välisiin suhteisiin.
- **Henkinen väkivalta rikoslaissa:** Suomen rikoslain 21 luku koskee henkeen ja terveyteen kohdistuvia rikoksia. Psyykkistä väkivaltaa ei ole mainittu erikseen, mutta esimerkiksi **törkeä pahoinpitely** (Rikoslaki 21:5 §) voi kattaa myös vakavan henkisen väkivallan, jos siitä aiheutuu merkittävää haittaa.
- **Lapsen oikeudet:** Lapsen oikeuksien sopimus ja lastensuojelulaki korostavat lapsen oikeutta molempiin vanhempiinsa, mikä tarkoittaa, että vieraannuttaminen voi olla paitsi moraalisesti väärin myös oikeudellisesti ongelmallista.

2. Viranomaisten toiminnan arviointi

- **Perustuslain ja hallintolain velvoitteet:**
  - o Perustuslain 22 §:n mukaan julkisen vallan on turvattava perusoikeudet, kuten lapsen oikeus perhe-elämään ja huoltajien oikeudet.
  - o Hallintolain 6 § edellyttää, että viranomaiset toimivat puolueettomasti ja tasapuolisesti.
- **Jos viranomaiset rikkovat velvollisuuksiaan:** Mikäli lastensuojelu esimerkiksi tukee tai sallii tilanteen, jossa toinen vanhempi estää tai vaikeuttaa lapsen ja toisen vanhemman välistä suhdetta ilman oikeudellista perustetta, heidän toimintaansa voidaan arvioida laiminlyöntinä tai virheellisenä virkatoimena.

---

3. Avunanto ja yllytys rikokseen

Suomen rikoslain 5 luvun 6 § ja 5 luvun 5 § määrittelevät avunannon ja yllytyksen rikokseen:

- **Avunanto:** Henkilö, joka tahallaan edistää toisen rikoksen tekemistä, voi syyllistyä avunantoon.
- **Yllytys:** Henkilö, joka tarkoituksella saa toisen tekemään rikoksen, voi syyllistyä yllytykseen.

Voidaanko viranomaisia syyttää avunannosta tai yllytyksestä?

- Jos vieraannuttaminen katsottaisiin rikokseksi, viranomaisia voitaisiin periaatteessa syyttää avunannosta tai yllytyksestä **vain, jos heidän toimintansa olisi tahallista** ja he tietoisesti edistäisivät vieraannuttamista.
- Viranomaisvastuussa kuitenkin sovelletaan erityistä sääntelyä:
  - **Virkavastuu:** Mikäli viranomaiset rikkovat lakia, kyseessä on yleensä virkavelvollisuuden rikkominen (Rikoslaki 40:9 §) tai **törkeä virkavelvollisuuden rikkominen** (Rikoslaki 40:10 §), mikäli teko on tahallinen tai törkeän huolimaton.
  - **Esimerkki:** Jos lastensuojelutyöntekijä tietoisesti edistää toisen vanhemman toimia, jotka johtavat vieraannuttamiseen, tämä voisi täyttää rikoslaissa tarkoitetun virkavelvollisuuden rikkomisen tunnusmerkit.

---

4. Vieraannuttamisen henkinen väkivalta ja viranomaisten vastuu

- **Tahallisuus tai törkeä huolimattomuus:**
  - Viranomaisten toiminta voi olla **lainvastaista**, jos he tahallisesti tukevat vieraannuttamista tietäen sen olevan lapsen edun vastainen ja rikkovan ihmisoikeuksia.
  - Esimerkiksi jos viranomainen ei selvitä puolueettomasti lapsen etua tai jättää toisen vanhemman näkemykset huomioimatta, tämä voi olla virkavirhe.

- **Puuttuminen tilanteeseen:** Viranomaisilla on velvollisuus puuttua lapsen henkiseen väkivaltaan. Jos lastensuojelu ei estä vieraannuttamista, heidän toimintansa voidaan katsoa laiminlyönniksi.

5. Käytännön vaikutukset ja oikeussuoja

- **Hallinto-oikeudellinen prosessi:** Lastensuojelun toimintaan voidaan puuttua hallinto-oikeudessa, jos päätökset ovat lainvastaisia.
- **Rikosoikeudellinen vastuu:** Jos viranomaisten toiminta täyttää rikoksen tunnusmerkit, vastuulliset henkilöt voidaan saattaa rikosoikeudelliseen vastuuseen. Tämä kuitenkin edellyttää selvää näyttöä tahallisuudesta tai törkeästä huolimattomuudesta.
- **Kansainvälinen valitus:** Mikäli suomalaiset viranomaiset rikkovat kansainvälisiä ihmisoikeussopimuksia, asia voidaan viedä Euroopan ihmisoikeustuomioistuimen (EIT) käsittelyyn.

Johtopäätös

Jos viranomaiset tahallisesti tai törkeän huolimattomasti toimivat tavalla, joka edistää vieraannuttamista ja henkistä väkivaltaa lasta kohtaan, heidän toimintaansa voidaan arvioida

virkavelvollisuuden rikkomisena ja, tietyissä tapauksissa, jopa **avunantona tai yllytyksenä rikokseen.**

Oikeudellisen vastuun määrittely riippuu kuitenkin siitä, täyttyvätkö rikoksen tunnusmerkit ja voidaanko viranomaisten toiminnasta osoittaa tahallisuutta tai törkeää huolimattomuutta.

Kommentti tekoälyn vastauksesta: Viranomaisten täytyy tuntea **omaan alaansa vaikuttavat kansainväliset ihmisoikeussopimukset,** sekä **omaan alaansa vaikuttava suomalainen lainsäädäntö.** Tätä voidaan lyhyesti perustella **Suomen perustuslain 2. pykälän kolmannen momentilla** eli **oikeusvaltioperiaatteella,** joka sanoo. että **julkisen vallankäytön tulee perustua lakiin** ja **kaikessa julkisessa toiminnassa on tarkkaan noudatettava lakia. Henkisen väkivallan** suhteen **pahoinpitelynä tai pahoinpitelyn yrityksenä** tulee muistaa, että myös **pahoinpitelyn yritys on rangaistavaa rikoslain mukaan.** Käytännössä nämä ovat sellaisia asioita, että **näistä täytyy keskustella asianajajan kanssa, joka on erikoistunut niin rikoslakiin kuin lapsi- ja perheoikeuteen** ennen kuin aletaan tekemään mitään harkitsematonta.

Sinä sanoit:

Kuinka hyvä lähde viranomaisten toimien arviointiin lastensuojelun suhteen on THL:n lastensuojelun käsikirja?

ChatGPT sanoi:

THL:n (Terveyden ja hyvinvoinnin laitos) Lastensuojelun käsikirja on erittäin hyvä lähde viranomaisten toimien arviointiin lastensuojelun suhteen. Se tarjoaa kattavan, ajankohtaisen ja lainsäädäntöön perustuvan näkemyksen siitä, miten lastensuojelua tulisi Suomessa toteuttaa. Käsikirja toimii viranomaisten, kuten sosiaalityöntekijöiden, lastensuojelun ammattilaisten ja muiden alan toimijoiden ohjeistuksena. Tässä syitä, miksi se on hyvä lähde ja miten sitä voidaan hyödyntää:

1. Lainsäädäntöön perustuva tieto

THL:n Lastensuojelun käsikirja pohjautuu suoraan voimassa olevaan **lastensuojelulakiin (417/2007)** ja muihin keskeisiin lakeihin, kuten **perustuslakiin** ja **kansainvälisiin ihmisoikeussopimuksiin**. Tämä tarkoittaa, että:

- Käsikirjassa esitetyt periaatteet ja toimintamallit noudattavat virallisia oikeudellisia vaatimuksia.
- Se toimii luotettavana viitekehyksenä arvioitaessa, toimivatko viranomaiset lakien ja säädösten mukaisesti.

2. Käytännönläheisyys ja ohjeistus

Käsikirjassa kuvataan lastensuojeluprosessin eri vaiheet, kuten:

- Lastensuojeluilmoituksen käsittely
- Asiakassuunnitelman laadinta
- Sijaishuollon ja avohuollon toimenpiteet
- Lapsen edun ensisijaisuuden huomioiminen

Se tarjoaa selkeitä ohjeita ja suosituksia viranomaisten toiminnan lainmukaisesta ja eettisestä toteuttamisesta. Tämän avulla voidaan arvioida, vastaavatko toteutetut toimenpiteet näitä periaatteita.

3. Lapsen oikeuksien ja perhe-elämän suojelu

Käsikirja painottaa vahvasti **lapsen edun ensisijaisuutta**, joka on keskeinen periaate sekä kansallisessa että kansainvälisessä lainsäädännössä. Lisäksi siinä käsitellään:

- Lapsen ja huoltajien oikeuksia viranomaisten päätöksenteossa
- Lapsen oikeutta pitää yhteyttä molempiin vanhempiinsa
- Viranomaisten velvollisuutta välttää mielivaltaisia päätöksiä

Käsikirjaa voidaan käyttää arvioimaan, onko lastensuojelu esimerkiksi jättänyt huomiotta lapsen ja huoltajien oikeudet tai toiminut puolueellisesti.

4. Tieteellinen ja ammatillinen pohja

THL:n käsikirja perustuu tieteelliseen tutkimukseen ja käytännön kokemuksiin. Se toimii kansallisena ohjeistuksena sosiaalityöntekijöille ja auttaa yhdenmukaistamaan toimintaa eri kuntien välillä. Tämän vuoksi se on hyvä vertailukohta, jos epäillään, että jokin lastensuojelutoimenpide on ollut:

- Puutteellisesti perusteltu
- Vastoin lapsen etua tai lainsäädäntöä

- Toteutettu puolueellisesti tai mielivaltaisesti

---

5. Viranomaisten toiminnan arviointi

Jos epäillään, että lastensuojeluviranomaiset ovat toimineet väärin, THL:n käsikirja voi tarjota viitekehyksen arvioida heidän toimintaansa. Esimerkkejä:

- **Puolueettomuus:** Onko kaikkia osapuolia kuultu tasapuolisesti?
- **Perusteellisuus:** Ovatko päätökset perusteltuja ja dokumentoituja käsikirjan ohjeiden mukaisesti?
- **Lapsen etu:** Onko lapsen oikeudet huomioitu ensisijaisesti vai onko päätöksiä tehty muiden osapuolten intressien perusteella?

---

6. Käyttö apuna oikeudellisissa prosesseissa

Lastensuojelun käsikirjaa voidaan käyttää myös tukena esimerkiksi hallintovalitusten tai oikeudenkäyntien yhteydessä:

- Se voi osoittaa, jos viranomainen on poikennut suositelluista toimintatavoista.
- Se voi auttaa perustelemaan huoltajan näkemyksiä siitä, että toimenpiteet eivät ole olleet lapsen edun mukaisia.

Mahdolliset rajoitteet

Vaikka THL:n Lastensuojelun käsikirja on erittäin arvovaltainen lähde, siinä on myös rajoitteita:

1. **Ei oikeudellisesti sitova:** Käsikirja on suositus ja ohjeistus, ei oikeudellinen määräys. Viranomaiset voivat toimia eri tavalla, jos he perustelevat päätöksensä laillisesti.
2. **Tulkinnanvaraisuus:** Käsikirja sisältää yleisiä suosituksia, mutta monissa tapauksissa viranomaisten toimintaa voidaan tulkita eri tavoilla.

Johtopäätös

THL:n Lastensuojelun käsikirja on erittäin hyvä lähde arvioimaan lastensuojeluviranomaisten toimintaa erityisesti lapsen oikeuksien ja viranomaisten velvollisuuksien näkökulmasta. Se ei kuitenkaan yksinään riitä, jos halutaan haastaa viranomaisten päätöksiä oikeudessa. Siksi sitä kannattaa käyttää yhdessä muiden oikeuslähteiden, kuten lakitekstien, hallituksen esitysten ja oikeuskäytännön kanssa.

Kommentti tekoälyn vastauksesta: Tekoäly antoi taas hyvän vastauksen. Syy miksi esitin sille **kysymyksen koskien THL:n lastensuojelun käsikirjaa**, oli se, että halusin antaa **lukijalle lähteen**, josta **hän pystyy helposti perehtymään lastensuojelun viranomaisille annettuun ohjeistukseen**. Tätä kautta lukija pystyy **vertaamaan lastensuojelussa annettavaa ohjeistusta** ja **omassa tapauksessaan tehtyjä lastensuojelun toimia**. Kuten tekoäly sanoo, niin **lastensuojelun käsikirjaa** kannattaa käyttää yhdessä **muiden oikeuslähteiden**, kuten lakitekstien, hallituksen esityksien ja oikeuskäytännön kanssa.

Sen jälkeen, kun on käsitelty vieraannuttamista ja sitä mahdollisuutta, että **vieraannuttaja on onnistunut manipuloimaan viranomaiset tukemaan itseänsä**, niin on syytä hieman tarkastella **vieraannuttamisen juridista ulottuvuutta**. Tällöin on syytä ottaa huomioon **huoltajalle, jota on koetettu vieraannuttaa, tulleet niin henkiset kuin taloudelliset kärsimykset**. Voi tulla **vieraannuttamista kokevalle taloudellisesti kalliiksi, jos hän joutuu käräjöimään oikeuksistansa lastensa huoltajuuteen**, ilman, että tällaiseen käräjöintiin on oikeasti mitään syytä. Samalla on hyvä muistaa, että **THL:n artikkelin "Vaativat erotilanteet ja eron jälkeinen väkivalta" mukaan noin 90 % lasten huoltajien eroista tapahtuu ilman mitään käräjöintiä oikeudessa**. Tällaisissa **monimutkaisissa juridisissa asioissa on käytännössä aina viisasta kääntyä asianajajan puoleen, joka on erikoistunut tällaisiin asioihin, tässä tapauksessa rikosoikeuteen ja sekä lapsi- ja perheoikeuteen.**

Sinä sanoit:

Vaikka vieraannuttamista ei ole suoraan määritelty rikokseksi rikoslaissa, niin todistettavissa oleva vieraannuttaminen kyllä aikaisemmin määriteltyjen seurausten takia näyttää täyttävän rikoslain 21. luvun 5. ja 6. pykälän mukaiset pahoinpitelyn ja törkeän pahoinpitelyn määritelmät. Samalla on syytä huomata, että niin pahoinpitelyn, kuin törkeän pahoinpitelyn yritykset ovat myös rangaistavia. Yksi keskeisistä ihmisoikeusista on oikeus omaan perhe-elämään, johon viranomaiset eivät saa mielivaltaisesti puuttua ja myös tämä puoltaa tiukkaa linjaa viranomaisten mielivaltaa vastaan.

ChatGPT sanoi:

Olet oikeassa siinä, että vieraannuttaminen voi täyttää tietyissä tapauksissa pahoinpitelyn tai törkeän pahoinpitelyn tunnusmerkit, erityisesti kun otetaan huomioon sen psykologiset vaikutukset lapseen ja toiseen huoltajaan. Samalla korostat tärkeää ihmisoikeusnäkökulmaa: oikeutta perhe-elämään, jota suojaavat sekä kansainväliset ihmisoikeussopimukset että Suomen perustuslaki.

Tarkastellaan asiaa yksityiskohtaisemmin:

---

1. Vieraannuttaminen ja rikoslain pahoinpitelypykälät

Rikoslain 21. luvun 5 §: Pahoinpitely

Pahoinpitelyssä on kyse **toisen terveyden tai toimintakyvyn vahingoittamisesta, kivun tuottamisesta tai muusta väkivaltaisesta kohtelusta**. Vaikka fyysinen väkivalta on tyypillisin esimerkki, myös psyykkinen väkivalta voi tulla kyseeseen, jos se johtaa haitallisiin terveysvaikutuksiin.

Rikoslain 21. luvun 6 §: Törkeä pahoinpitely

Törkeä pahoinpitely edellyttää, että teko on tehty erityisen raa'alla tai julmalla tavalla tai että se on aiheuttanut uhrille vakavaa haittaa. Vieraannuttamisessa esimerkiksi pitkäkestoinen ja tahallinen lapsen manipulointi toista vanhempaa vastaan voisi täyttää nämä kriteerit, jos sen seurauksena lapselle syntyy merkittäviä psykologisia ongelmia tai hänen suhteensa toiseen vanhempaan tuhotaan.

Yritys

Sekä pahoinpitelyn että törkeän pahoinpitelyn yritys on rikoslain mukaan rangaistavaa (Rikoslaki 21:15 §). Tämä tarkoittaa, että jos vieraannuttaminen todistetaan tarkoitukselliseksi ja siinä ilmenee vakavia haitallisia seurauksia, yritys voidaan katsoa rikokseksi, vaikka se ei olisi täysin onnistunut.

---

2. Ihmisoikeudet ja oikeus perhe-elämään

Oikeus perhe-elämään

- **Euroopan ihmisoikeussopimuksen 8 artikla:** Jokaisella on oikeus nauttia yksityis- ja perhe-elämäänsä ilman mielivaltaisia tai perusteettomia viranomaisten puuttumisia.
- **Lapsen oikeudet:** YK:n lapsen oikeuksien sopimuksen 9 artikla korostaa lapsen oikeutta ylläpitää säännöllisiä suhteita molempiin vanhempiinsa, paitsi jos se on vastoin lapsen etua.

Virheellinen tai mielivaltainen viranomaistoiminta

- Jos viranomaiset (esimerkiksi lastensuojelu) puuttuvat perhe-elämään tavalla, joka ei perustu lakiin tai lapsen etuun, heidän toimintansa voi rikkoa näitä ihmisoikeusvelvoitteita.

- **Euroopan ihmisoikeustuomioistuimen käytäntö:** EIT on todennut, että viranomaisilla on positiivinen velvollisuus edistää ja tukea perhe-elämää, eikä heillä ole oikeutta toimia puolueellisesti tai suosia yhtä vanhempaa perusteetta.

3. Mielivalta viranomaistoiminnassa

Virkavelvollisuuden rikkominen

Jos viranomaiset toimivat tavalla, joka **tietoisesti tai törkeän huolimattomasti edistää vieraannuttamista**, heidän toimintansa voi täyttää **virkavelvollisuuden rikkomisen** tunnusmerkit (Rikoslaki 40:9 §). Törkeä tapaus voi johtaa jopa **törkeän virkavelvollisuuden rikkomisen** (40:10 §) syytteeseen, jos kyseessä on lapsen hyvinvointiin merkittävästi vaikuttava tilanne.

Mielivallan ja puolueellisuuden osoittaminen

Vieraannuttamista kokeneen huoltajan kannattaa kerätä seuraavat todisteet:

1. **Dokumentointi:** Kirjaa ylös kaikki tapahtumat, joissa koet viranomaisten toimineen puolueellisesti.
2. **Asiakirjat:** Hanki kopiot kaikista viranomaisten päätöksistä, kirjauksista ja suosituksista.
3. **Todistajat:** Pyri hankkimaan todistajien lausuntoja, jotka vahvistavat puolueellisen toiminnan.

4. **Asiantuntijalausunnot:** Pyydä psykologeja tai muita asiantuntijoita arvioimaan vieraannuttamisen vaikutukset lapseen.

---

4. Tiukka linja viranomaisten mielivaltaa vastaan

Perustuslaki ja hallintolaki

- **Perustuslaki 21 §:** Jokaisella on oikeus oikeudenmukaiseen oikeudenkäyntiin ja hyvään hallintoon. Tämä velvoittaa viranomaisia toimimaan oikeudenmukaisesti ja tasapuolisesti.
- **Hallintolaki 6 §:** Viranomaisten on noudatettava puolueettomuutta, tasapuolisuutta ja suhteellisuusperiaatetta.

Valitukset ja oikeussuoja

- **Hallinto-oikeus:** Viranomaisten päätöksistä voi valittaa hallinto-oikeuteen, jos ne ovat lainvastaisia tai puolueellisia.
- **Oikeusasiamies ja oikeuskansleri:** Näille tahoille voi tehdä kantelun viranomaisen epäasiallisesta toiminnasta.
- **Euroopan ihmisoikeustuomioistuin:** Viimeisenä keinona asia voidaan viedä EIT:n käsiteltäväksi, jos viranomaistoiminta rikkoo ihmisoikeuksia.

---

5. Johtopäätös

Vaikka vieraannuttaminen ei ole suoraan määritelty rikokseksi, se voi täyttää **pahoinpitelyn tai törkeän pahoinpitelyn tunnusmerkit**, erityisesti kun otetaan huomioon sen psykologiset vaikutukset lapseen ja toiseen huoltajaan. Viranomaiset, jotka tietoisesti tai huolimattomasti edistävät vieraannuttamista, voivat syyllistyä virkavelvollisuuden rikkomiseen tai jopa avunantoon rikokseen.

Keskeistä on, että vieraannuttamista kokeva huoltaja kerää todisteita viranomaisten toiminnasta ja käyttää oikeussuojakeinoja varmistaakseen oikeudenmukaisen käsittelyn. Samalla ihmisoikeudet ja lapsen edun periaate velvoittavat viranomaisia toimimaan puolueettomasti ja perhe-elämää tukien.

Kommentti tekoälyn vastauksesta: On totta, että **vieraannuttamista ei ole kriminalisoitu rikoslaissa,** mutta sitä voidaan sen **etenkin henkisten seurauksien kautta vieraannuttamista kokevalle huoltajalle ja tämän lapsille pitää henkisenä väkivaltana.** Tällaisella henkisellä väkivallalla **voi olla pitkäaikaiset vaikutukset niin sitä kokevaan huoltajaan kuin tämän lapsiin.** On myös syytä huomata, että niin **pahoinpitelyn kuin törkeän pahoinpitelyn yritykset ovat Suomen rikoslain mukaan rangaistavia. Jos tätä asiaa haluaa viedä eteenpäin,** niin **siitä on syytä keskustella tarkemmin asianajajan kanssa, joka on erikoistunut niin rikosoikeuteen kuin lapsi- ja perheoikeuteen.**

Sinä sanoit:

Kuinka viisasta on käyttäen Suomen rikoslain määritelmää henkisestä väkivallasta määritellä henkinen väkivalta niin tekojen kuin näiden tekojen seurausten kautta?

ChatGPT sanoi:

Henkisen väkivallan määrittely sekä tekojen että niiden seurausten kautta on viisas ja kattava lähestymistapa, erityisesti silloin, kun sovelletaan **Suomen rikoslain** pykäliä. Tämä johtuu siitä, että henkinen väkivalta voi ilmetä monin eri tavoin, ja sen vaikutukset ovat usein yksilöllisiä, pitkäaikaisia ja vaikeasti mitattavia. Tarkastellaan asiaa tarkemmin:

---

1. Henkisen väkivallan määrittely tekojen kautta

Henkisen väkivallan tekoja voivat olla esimerkiksi:

- **Uhkaileminen ja pelottelu:** Tahallinen pyrkimys aiheuttaa toiselle pelkoa.
- **Halveksunta ja vähättely:** Pitkäaikainen psykologinen painostus, joka voi vahingoittaa uhrin itsetuntoa.
- **Eristäminen:** Lapsen tai aikuisen sosiaalisten suhteiden tahallinen rajoittaminen.
- **Manipulointi:** Lapsen tai aikuisen harhaanjohtaminen esimerkiksi toista osapuolta vastaan (esim. vieraannuttaminen).

Tekoihin keskittyvä määrittely tarjoaa selkeän ja objektiivisen pohjan oikeusjärjestelmälle, koska konkreettisia toimia on helpompi todistaa ja analysoida. Tämä lähestymistapa korostaa

114

myös toimijan vastuuta teoistaan, vaikka niiden vaikutukset olisivat aluksi vaikeasti havaittavissa.

2. Henkisen väkivallan määrittely seurausten kautta

Henkisen väkivallan seuraukset ovat usein yksilöllisiä, mutta niillä on yhteisiä piirteitä, kuten:

- **Psykologinen haitta:** Esimerkiksi masennus, ahdistus tai traumaperäinen stressihäiriö.
- **Fyysiset oireet:** Pitkäaikaisen stressin aiheuttamat somaattiset oireet, kuten univaikeudet tai sydänoireet.
- **Ihmissuhdevaikeudet:** Esimerkiksi lapsen vieraantuminen toisesta huoltajasta.
- **Toimintakyvyn heikkeneminen:** Uhrin kyvyn toimia arjessa tai työssä heikkeneminen.

Seurausten tarkastelu on tärkeää, koska henkinen väkivalta ei aina ole näkyvää ulospäin. Seurausten huomioiminen auttaa ymmärtämään tekojen vakavuuden ja niiden pitkäaikaiset vaikutukset uhriin.

3. Miksi molemmat näkökulmat ovat tärkeitä?

Yhdistämällä tekojen ja seurausten tarkastelu henkisen väkivallan määrittelyyn saavutetaan tasapainoinen ja kokonaisvaltainen malli. Tämä on viisasta erityisesti seuraavista syistä:

115

a) Oikeudenmukaisuus

- Pelkkien tekojen perusteella voidaan tunnistaa ja ehkäistä henkistä väkivaltaa jo varhaisessa vaiheessa.
- Seurausten tarkastelu varmistaa, että myös näkymättömämmät tai pitkäaikaisemmat vahingot otetaan huomioon.

b) Monimuotoisuuden huomioiminen

- Henkisen väkivallan muodot vaihtelevat yksilöiden ja tilanteiden mukaan. Esimerkiksi sama teko voi olla yhdelle ihmiselle haitallinen ja toiselle neutraali.
- Seurausten huomioiminen auttaa ymmärtämään, miten erilaiset teot vaikuttavat eri ihmisiin.

c) Vastuun ja syyllisyyden arviointi

- Tekojen tarkastelu korostaa tekijän vastuuta: tekojen on oltava selkeästi määriteltävissä ja todistettavissa.
- Seurausten tarkastelu tuo esiin, miten vakavia haittoja on aiheutettu ja kuinka laajasti uhria on vahingoitettu.

d) Ennaltaehkäisy

- Kun henkinen väkivalta määritellään tekojen kautta, on mahdollista puuttua ongelmallisiin käytösmalleihin ennen kuin ne johtavat merkittäviin haittoihin.
- Seurausten tarkastelu puolestaan osoittaa, mihin tekojen jatkaminen voi pahimmillaan johtaa.

4. Käytännön esimerkki: Vieraannuttaminen

Käyttämällä tekojen ja seurausten yhdistelmää
vieraannuttamisen kaltaisten ilmiöiden tarkastelussa:

- **Teko:** Lapsen manipulointi toista vanhempaa vastaan
  esimerkiksi puhumalla pahaa tai estämällä tapaamisia.
- **Seuraukset:** Lapsen ja toisen vanhemman suhteen
  heikentyminen, lapsen psyykkiset ongelmat, ja lapsen
  kyvyttömyys muodostaa terveitä ihmissuhteita.

Kun molemmat osat otetaan huomioon, vieraannuttamisen
vahingollisuus tulee näkyväksi, vaikka yksittäisten tekojen
haitallisuus ei aluksi vaikuttaisi vakavalta.

---

5. Johtopäätös

Henkisen väkivallan määrittely sekä tekojen että seurausten
kautta on järkevää ja oikeudenmukaista. Se auttaa
varmistamaan, että sekä haitalliset teot että niiden vaikutukset
tulevat asianmukaisesti huomioiduiksi. Tämä lähestymistapa
edistää paitsi uhrien oikeuksia, myös rikosten tehokasta
ennaltaehkäisyä ja käsittelyä oikeusjärjestelmässä.

Kommentti tekoälyn vastauksesta: Kuten tekoäly sanoo, niin
on **viisasta määritellä henkinen väkivalta niin tekojen kuin
seurausten kautta. Henkiseen väkivaltaan kuuluvien tekojen
tekeminen osoittaa** sen, että niiden **tekijä rikkoo lakia joko
tahallaan tai piittaamattomuuttansa,** kun taas näiden **tekojen
seuraukset ovat tärkeitä arvioitaessa kyseisten tekojen
vakavuutta kokonaisuudessaan.**

Sinä sanoit:

Millaisia neuvoja ChatGPT antaisi vieraannuttamista kokeneelle huoltajalle oikeudenkäynteihin lastensa huoltajuudesta, elatuksesta ja tapaamisoikeuksista?

ChatGPT sanoi:

Vieraannuttamista kokevalle huoltajalle oikeudenkäynnit lastensa huoltajuudesta, elatuksesta ja tapaamisoikeuksista voivat olla tunteellisesti raskaita ja juridisesti haastavia. Tässä on yleisiä neuvoja, jotka voivat auttaa valmistautumaan oikeusprosessiin ja vahvistamaan omaa asemaansa:

---

1. Kerää ja dokumentoi todisteita vieraannuttamisesta

- **Pidä kirjaa tapahtumista:** Kirjaa muistiin päivämäärät ja tapahtumat, joissa on ilmennyt vieraannuttamista. Esimerkiksi lapsen kieltäytyminen tapaamasta ilman perusteltua syytä tai vieraannuttavan vanhemman negatiiviset kommentit.
- **Tallenna viestit:** Säästä kaikki viestit (esim. tekstiviestit, sähköpostit, sosiaalisen median viestit), jotka voivat osoittaa vieraannuttamista, kuten toisen vanhemman yhteistyöhaluttomuus tai syytökset, jotka vaikuttavat lapsen ja huoltajan suhteeseen.
- **Käytä asiantuntijoiden lausuntoja:** Mikäli lapsi on ollut tekemisissä terapeuttien, koulun henkilökunnan tai muiden ammattilaisten kanssa, selvitä, voivatko he tarjota lausuntoja lapsen tilanteesta tai vieraannuttamisesta.

2. Keskity lapsen etuun

- **Lapsen tarpeet etusijalle:** Osoita, että ensisijainen tavoitteesi on lapsen hyvinvointi, ei henkilökohtainen kauna toista huoltajaa kohtaan.
- **Huomioi lapsen mielipide:** Jos lapsi on tarpeeksi vanha ilmaisemaan mielipiteensä, pyri osoittamaan, että olet avoin ja kunnioitat hänen tunteitaan, vaikka vieraannuttaminen vaikuttaisi niihin.
- **Pysy rauhallisena ja yhteistyöhaluisena:** Oikeus katsoo myönteisesti huoltajaa, joka osoittaa halua tehdä yhteistyötä toisen vanhemman kanssa lapsen edun mukaisesti.

3. Käytä asiantuntijoita ja oikeudellista apua

- **Palkkaa kokenut asianajaja:** Valitse perhe- ja huoltajuusasioihin erikoistunut asianajaja, joka ymmärtää vieraannuttamisen erityispiirteet ja osaa esittää ne vakuuttavasti oikeudessa.
- **Pyydä asiantuntijalausuntoja:** Perheterapeutit, lastenpsykologit tai muut asiantuntijat voivat antaa lausuntoja siitä, miten vieraannuttaminen vaikuttaa lapseen ja suhteeseenne.
- **Selvitä sovittelumahdollisuudet:** Joissakin tapauksissa sovittelu voi olla nopeampi ja vähemmän stressaava vaihtoehto kuin oikeudenkäynti, mutta vieraannuttamistapauksissa sovittelun onnistuminen riippuu tilanteesta.

4. Ymmärrä lain näkökulma

- **Tutustu lakeihin ja suosituksiin:** Suomessa lastensuojelulaki ja lapsenhuoltolaki korostavat lapsen edun ensisijaisuutta. Vieraannuttaminen voidaan nähdä henkisenä väkivaltana, mikä voi vaikuttaa huoltajuuspäätöksiin.
- **Vedota oikeuteen lapsen oikeuteen pitää yhteyttä molempiin vanhempiinsa:** Korosta, että vieraannuttaminen rikkoo lapsen oikeutta perhe-elämään, kuten on määritelty esimerkiksi YK:n lapsen oikeuksien sopimuksessa.

5. Esitä itsesi vakaana ja vastuullisena vanhempana

- **Vältä konfliktia oikeudessa:** Pysy asiallisena ja vältä hyökkäyksiä tai voimakkaita tunteenpurkauksia oikeudessa. Tuomarit arvostavat rakentavaa ja ratkaisukeskeistä lähestymistapaa.
- **Näytä kykysi huolehtia lapsesta:** Esitä todisteita, jotka osoittavat kykysi tarjota lapselle turvallinen ja vakaa ympäristö. Tämä voi sisältää esimerkiksi tietoja asuinolosuhteista, koulunkäynnin tukemisesta tai muista lapsen tarpeista huolehtimisesta.
- **Vältä vieraannuttamiseen vastaamista:** Älä ryhdy toisen vanhemman vastatoimiin, jotka voisivat näyttää vieraannuttavalta käytökseltä.

6. Valmistaudu haastaviin tilanteisiin oikeudessa

- **Ole valmis vastaamaan väitteisiin:** Jos toinen osapuoli syyttää sinua epäasiallisesta toiminnasta, valmistaudu vastaamaan syytöksiin asiallisesti ja todisteiden tukemana.
- **Pysy faktoissa:** Keskity konkreettisiin todisteisiin ja vältyä henkilökohtaisilta hyökkäyksiltä.

---

7. Pyri suojelemaan lapsen hyvinvointia oikeusprosessin aikana

- **Älä painosta lasta:** Oikeus voi katsoa negatiivisesti, jos lapsi joutuu osapuolten väliseen konfliktiin. Pyri suojelemaan lasta liialliselta stressiltä.
- **Pidä viestintä rakentavana:** Vaikka tilanne olisi vaikea, yritä säilyttää asiallinen ja kohtelias viestintä toisen vanhemman kanssa.

---

8. Selvitä mahdollisuudet valvottuihin tapaamisiin

Jos vieraannuttaminen on johtanut siihen, että lapsen ja sinun väliset tapaamiset ovat heikentyneet, harkitse pyytäväsi oikeudelta **valvottuja tapaamisia**. Tämä voi olla tapa palauttaa yhteys lapseen ja osoittaa kykysi olla mukana lapsen elämässä.

---

9. Harkitse lastensuojeluilmoituksen tekoa, jos tarpeen

Jos vieraannuttaminen on vakavaa ja se haittaa lapsen kehitystä tai hyvinvointia, voit tehdä lastensuojeluilmoituksen. Ole kuitenkin varovainen ja varmista, että ilmoitus perustuu tosiasioihin eikä vaikuta kostotoimelta.

---

10. Hyödynnä vertaistukea ja ammattilaisia

- **Liity vertaistukiryhmiin:** Monet vanhemmat, jotka ovat kokeneet vieraannuttamista, voivat tarjota arvokasta tukea ja vinkkejä.
- **Hanki psykologista tukea:** Vieraannuttaminen on henkisesti raskasta, ja ammattilaisen apu voi auttaa käsittelemään tilannetta paremmin.

Lopuksi:

Oikeudenkäynnit vieraannuttamistapauksissa ovat monimutkaisia ja vaativat huolellista valmistautumista. Muista pysyä keskittyneenä lapsen etuun ja dokumentoi kaikki mahdolliset todisteet, jotka voivat tukea asemaasi huoltajana. Rakentava ja ratkaisukeskeinen asenne voi olla ratkaiseva tekijä oikeuden päätöksessä.

Kommentti tekoälyn vastauksesta: ChapGPT:n neuvot näyttävät erittäin hyviltä. On varmasti **vieraannuttamista kokeneesta huoltajasta hyvin turhauttavaa, henkisesti rasittavaa ja taloudellisesti kuluttavaa riidellä lapseen**

liittyvistä asioista, kuten **huoltajuudesta, elatuksesta ja tapaamisoikeuksista** käräjillä. Niiden suhteen olisi **viisaampaa huoltajien pyrkiä hieman joustamaan** ja **ajattelemaan asioita niin lasten edun kuin myös toistensa näkökulmista**. Vanha sanonta **"laiha sopu on parempi kuin lihava riita"** pätee hyvin tässä asiassa. Tällaisen riitelyn **pitkäaikaisvaikutuksia lapsiin ja heidän väleihinsä huoltajiinsa, kun lapset ovat aikuisia, on vaikea arvioida.** **Vieraannuttajan** kannalta tuolloin **pahin vaihtoehto** olisi se, että **vieraannuttaminen epäonnistuu** ja aikuisina **lapset tietävät vieraannuttamisesta kaiken** oleellisen etääntyen silloin huoltajasta, joka **koetti vieraannuttaa heitä toisesta huoltajastansa** pyrkien viemään **pahimmassa tapauksessa lapsiltansa ei pelkästään toista huoltajaa, vaan myös tämän suvun.**

Yhteenveto

Yhteenvedon aluksi voisimme käyttää **tekoälyä,** jotta **se tekisi yhteenvedon** käydystä **keskustelusta,** joka alun perin käytiin lähes kokonaan yhdessä ChatGPT:n **keskusteluketjussa:**

Sinä sanoit:

Voisitko tehdä lyhyen yhteenvedon tässä keskusteluketjussa käydystä keskustelusta.

ChatGPT sanoi:

Tässä keskusteluketjussa käsiteltiin vieraannuttamista, sen vaikutuksia ja juridista tulkintaa erityisesti Suomen lainsäädännön näkökulmasta. Pääkohtia olivat:

1. **Vieraannuttamisen juridinen tulkinta:** Vaikka vieraannuttamista ei ole suoraan määritelty rikoslaissa, sen henkiset ja emotionaaliset vaikutukset voivat täyttää pahoinpitelyn ja törkeän pahoinpitelyn tunnusmerkistön rikoslain 21. luvun perusteella.
2. **Henkisen väkivallan määrittely:** Keskusteltiin siitä, kuinka henkinen väkivalta voitaisiin määritellä tekojen ja niiden seurausten kautta, mikä voisi auttaa tarkentamaan sen tunnistamista ja käsittelyä oikeudessa.
3. **Viranomaisten vastuu:** Pohdittiin viranomaisten, kuten lastensuojelun, vastuuta kansainvälisten ihmisoikeussopimusten ja Suomen lakien noudattamisessa. Mielivaltaiset toimet, jotka rikkovat lapsen oikeutta perhe-elämään, voivat olla ongelmallisia

ja jopa rinnastettavissa yllytykseen tai avunantoon, jos ne edistävät vieraannuttamista.

4. **THL:n lastensuojelun käsikirja:** THL:n käsikirjaa pidettiin hyödyllisenä lähteenä lastensuojelun toimien arvioinnissa, mutta painotettiin, että sitä tulisi käyttää osana kokonaisvaltaista oikeudellista ja eettistä harkintaa.

5. **Neuvoja vieraannuttamista kokeneelle huoltajalle:** Tarjottiin käytännön neuvoja oikeudenkäyntiin valmistautumisesta, kuten todisteiden keräämistä, lapsen edun korostamista, asiantuntijoiden käyttöä ja ammattilaisen avun hakemista. Korostettiin rakentavan viestinnän ja lapsen hyvinvoinnin suojelemisen merkitystä.

Keskustelu kokonaisuudessaan korosti lapsen oikeutta molempiin vanhempiinsa ja vieraannuttamisen negatiivisia vaikutuksia lapsen kehitykselle ja perhe-elämän tasapainolle.

Kommentti tekoälyn yhteenvedosta: Tekoälyn yhteenveto on mielestäni **erittäin ytimekäs.** On ilo nähdä, että tekoäly **poimi keskustelusta sen tärkeimmät kohdat.** Kun vieraannuttamisesta puhutaan, niin **tämä antaa toivoa siitä,** että **tekoälystä vieraannuttamisen arvioinnissa on hyötyä. Ihmisten suuri ongelma arvioita tehtäessä** on se, että **arvion tehnyt ihminen saattaa mieluummin linnoittautua tekemänsä arvion taakse** kuin **muuttaa arviotansa,** vaikka **muuttamiseen olisi hyviäkin syitä.**

Tämän kirjan **tarkoitus on auttaa vieraannuttamista kokevia lasten huoltajia käyttämään tekoälyä,** kuten **ChatGPT:tä hankkiakseen tietoa vieraannuttamisesta** ja saadakseen **sitä vastaan neuvoja.** Kirjan toinen teema on **aloittaa keskustelu** tekoälyn käyttämisestä vieraannuttamista vastaan. Kirjassani esitetyt **kysymykset ovat esimerkkikysymyksiä**. Kannustan ihmisiä, jotka tätä kirjaa lukevat, niin **esittämään tekoälylle omia kysymyksiänsä**, sillä **vieraannuttamista kokeva huoltaja on oman tilanteensa paras asiantuntija keskustellakseen siitä tekoälyn kanssa** ja **esittääkseen sille kysymyksiä, jotka on räätälöity hänen tarpeidensa mukaan.**

Tekoälyn suhteen on syytä muistaa se, että **tekoäly on työkalu** ja **korkeintaan epävirallinen neuvonantaja. Kaikissa vieraannuttamiseen liittyvissä juridisissa kysymyksissä on syytä kääntyä asianajajan puoleen**, joka on erikoistunut ainakin **lapsi- ja perheoikeuteen**, ja jos on kyse mahdollisesta rikoksesta, niin myös **rikosoikeuteen**. Tekoälyn suhteen suuri merkitys on **omalla työllä tietämyksen hankkimiseksi**, jotta **tekoälylle voidaan esittää riittävän kattavia kysymyksiä**, sekä myöhemmin **tarkennetuilla kysymyksillä**, joiden tehtävänä **hankkia tekoälyltä vastaukset sen aikaisemmista vastauksista nousseisiin kysymyksiin.**

Loppusanoina haluan sanoa sen, että **tekoälyn huima kehittyminen viime vuosien aikana** ja sen **helppo käyttöliittymä** ovat mahdollistaneet sen, että sitä voidaan **nykyään käyttää työkaluna vieraannuttamista vastaan**. Tämä edistysaskel **ei luultavasti poista vieraannuttamista**, eikä se **varmastikaan poista tarvetta keskustella** näistä asioista **asiantuntijoiden** kanssa. Koen tärkeäksi, että **maallikoilla on käytössään** tällaisissa asioissa **kaikki lain sallimat keinot hankkia ja arvioida tietoa.**